广西教育科学"十三五"规划A类重点课题
"'互联网+'背景下中小学心理健康教育微系列作品开发与利用的行为研究"
（立项编号：2017A001）研究成果之一

特级教师书系

YI WEI JIAN ZHU
ZHONGXIAOXUE XINLI WEIXILIE ZUOPIN
KAIFA YU YUNYONG

# 以微见著
## 中小学心理微系列作品开发与运用

耿春华 —— 主编

广西教育出版社·南宁

# 本书编委会

**主　编**

　　耿春华

**副主编**

　　杨斌勇

**编写组成员**

　　梁臣凤　陈泳百　韦德良

　　韦宣任　赵颖梅　黎春平

　　杨斌勇等

# 前　言

**萨**尔曼·可汗（Salman Khan）依托云计算、大数据，把知识学习移到课外，把内化知识环节挪到课堂，开创了让学生按照自己步骤学习的"翻转课堂"实验。他创建了可汗学院，通过网络将教学视频提供给学生，让学生在家学习知识，到课堂里通过作业、工作坊讨论、展示等方式内化知识。结果，学生学习成绩得到提高，学习兴趣也得到增强，学生、家长和教师对"翻转课堂"学习模式都非常认可。美国高等教育信息化协会（EDUCAUSE）的文章"7 Things You Should Know About Microlectures"介绍了微视频课程的7个问题，包括关于微视频应用的内容。文章指出微课程录好后可上传到多媒体服务商提供的网络平台上。每个微课程的标题聚焦于课堂讨论的主要内容，确保学生在搜索时能够很容易搜索到他们需要的微课程，也方便添加关键词和做标记。文章认为微课视频主要应由授课教师制作。制作微课视频时，首先要构造一个简单的框架，包括简介、重点内容的列表和结论。其次开始录制视频课程，可以用网络摄像头或麦克风录制视频或音频。总之，教师是视频内容讲授的主体，同时也可以使用其他将可视信息作为讲解的辅助，比如滚动的幻灯片、视频截屏或者动画等。

2008年，由美国乔·托马斯（Joe Thomas）博士带领的视频编辑团队创办了视频资源库"观看知道学习"（Watch Know Learn），他们邀请教师或教育工作者推荐能被收录目录的视频，然后采用维基百科的框架和理念，对那些视频进行审核、批准和分类。他们的工作重点是根据学生用户的多样性推荐视频。这些视频是从互联网上找到的最优质的视频，涵盖3~18岁年龄段学生的所有教育主题，而且不含有不良的内容。

国内，黎加厚在2014年的"微课与网络课件开发专业会议"上提出了微课程教学法。他认为微课程教学法是指学生利用个人信息终端（例如手机、平板电脑、上网本等），用数字化的微内容（例如微视频、PPT、Prezi等）替代教师课堂上面对面的讲授，从而进行自主学习的教学策略。他认为微课程有三方面的教学意义：一、微课程是教育信息化环境下的一种教学策略，能够与其他教学策略和教学元素配合使用，是翻转课堂教学模式的核心元素之一；二、微课程是课程系统中教师施教活动的数字化载体，它将知、情、意融合，具有个性化、数字化和可重复使用等特点，而且能够再现教师施教活动过程；三、微课程是学生自主学习的重要资源，学生能够自主学习、自定步调，同样也可在泛在学习、先学后教、翻转课堂的环境下学习。黎加厚认为微课程教学法的成功有四个关键点：教与学方式的结构性变化、高质量的微课程、研究丰富课堂教学策略、研究提高微课程设计质量。在微视频的实践策略研究方面，梁乐明等在《微课程设计模式研究：基于国内外微课程的对比分析》一文中从教学、社会、技术三大维度对比分析了国外的可汗学院和TED-Ed以及国内的佛山微视频课程。[1]王觅等在《微视频课程：演变、定位与应用领域》一文中，详细论述了微视频的演变历程和基本定位以及应用领域。在应用领域提到了四个方面：一是用于智慧教育的入境学习和泛在学习，二是用于继续教育的移动学习，三是用于教师专业发展的培训学习，四是优质微视频信息资源系统的建设，为学习模式的创新运用提供有力支持。[2]

2015年，"互联网＋"正式出现在政府工作报告中，这意味着"互联网＋"被正式纳入顶层设计，成为国家经济社会发展的重要战略。在教育领域，2015年6月13—14日，"互联网＋创新大会·河北峰会"在石家庄举行。会上，中国工程院院士李京文表示，教育问题是中国人民关心的大事，虽然改革开放以来中国教育已取得了很大的发展，但仍然存在很多缺陷和问题，必须要通过改革和创新，特别是要在新形势下通过"互联网＋"来提

---

[1] 梁乐明, 曹俏俏, 张宝辉. 微课程设计模式研究：基于国内外微课程的对比分析[J]. 开放教育研究, 2013（1）：65-73.

[2] 王觅, 贺斌, 祝智庭. 微视频课程：演变、定位与应用领域[J]. 中国电化教育, 2013（4）：88-94.

升中国的教育质量，来发展中国的特色教育。[1]随着课程改革的不断推进和信息技术的日趋普及，新形势下的课堂对传统教学观念、教学工具和教学资源提出更多要求，使得信息技术在教育教学中的作用尤为明显。开放的网络教学资源和各种新型的教学工具极大丰富了课堂教学资源和教学形式，对教师教学从理念到实践提出了新要求。在教育技术领域热议的微视频也逐渐被应用到课堂中，在激发学生学习兴趣和提高教学效果方面取得了较好的成效。在心理健康教育领域，2012年教育部新修订的《中小学心理健康教育指导纲要》强调，中小学心理健康教育，是提高中小学生心理素质、促进其身心健康和谐发展的教育，是进一步加强和改进中小学德育工作、全面推进素质教育的重要组成部分。中小学生正处在身心发展的重要时期，随着生理、心理的发育和发展，以及社会阅历的丰富及思维方式的变化，他们在学习、生活、自我意识、情绪调适、人际交往和升学就业等方面，会遇到各种各样的心理困扰或问题。因此，在中小学开展心理健康教育是学生身心健康成长的需要，是全面推进素质教育的必然要求。在这种背景下，针对中小学开发和运用心理微系列作品进行研究无疑具有十分重要的意义。

　　心理微系列作品是指采用视频、图片和文字的形式呈现心理健康教育各项内容的作品，包括心理微课、心理微电影、家教微讲堂、心理微故事等形式，这些形式的作品具有短、快、精的特点，大众参与性强，能随时随地进行学习。它充分发挥"互联网+"环境下新媒体快速、精准的作用，能够用鲜活的故事、生动的画面、感人的声音来吸引学生、感染学生，进而打动学生。如此一来，才能真正做到以小见大，以微见著，触动心灵，进而影响学生的行为。这种作品形式还能点对点地服务中小学师生以及学生家长，为传统的心理健康教育插上了新媒体的翅膀，使广大师生和家长能够即时获取心理健康的资讯，极大拓宽了心理辅导的空间，使心理辅导更加贴近师生的实际，让广大中小学师生能够更加方便地获得心理健康服务。

　　为了应对"互联网+教育"时代的挑战，使未成年人心理健康教育工作更具时代性，充分发挥新媒体快速、精准的作用，南宁市创新未成年人

---

[1] 中国日报中文网. "互联网+教育"：4G时代激发学生创新潜能[EB/OL]（2015-06-14）
　　[2020-12-01]. http://cnews.chinadaily.com.cn/2015-06/14/content_21000290.htm.

心理健康教育工作方式，大力开展心理微系列作品创作评选活动，取得了良好的成效。

南宁市自2015年开始，尝试每年在全市范围内开展未成年人心理微系列作品评比活动。通过组织广大中小学校教师和学生积极创作心理微课、心理微电影、家教微讲堂、心理微故事、心理微广告等作品，并将其中的优秀作品通过微博、微信、QQ等平台发布，构建"微作品+微平台"的心理健康辅导模式，直接点对点地服务全市中小学生以及学生家长，充分发挥新媒体快速、精准的作用，使得广大学生和家长能够直接即时获取心理健康的资讯，极大拓宽了心理辅导的空间，使心理辅导更加贴近学生的实际，让广大中小学生能够更加方便地获得心理健康服务，打造了互联网形态下心理健康辅导的新生态。

在作品创作过程中，我们引导心理辅导作品向"微"方向发展，力争以短、平、快的形式，提高效率，提高学生和家长的接受度，提高作品传播的广度。如心理公益广告微视频的时长要求以秒为计量单位，心理微电影的时间控制在5分钟左右，心理微课只表现一个"点"的心理辅导过程，内容少一点，主题更突出一点，摒弃贪大求全的思想，力争让学生"一看一得"，真正做到以小见大，以微见著，触动心灵，进而影响行为。在缩短作品时长的同时，我们提高了对作品内容的要求，力争在较短的时间里在质量和内容密度上做文章，作品要在视听冲击力上下功夫，用鲜活的故事、生动的画面、感人的声音来吸引和感染学生，进而打动学生。

经过这几年的创作，我们已经评选各类优秀作品1000多部，极大地丰富南宁市未成年人心理健康教育的育人资源。在进一步拓宽作品来源的同时，我们也希望建设一个体系相对完备、内容相对完整的心理辅导网络资源库。为此，我们专门组织人员编写了这本书，希望能帮助教师们更好地了解心理微系列作品的有关内容和创作技巧，以便创作出更加优秀的心理微系列作品。

本书根据心理微系列作品的相关内容分为五个章节，每个章节均提供了部分优秀的参赛作品供读者参考。

第一章主要介绍心理微课的概念、发展、类型与特征、设计原则、制作环节、应用途径等内容，由梁臣凤、赵颖梅、冯雪梅、寻慧君、邓琇文撰写。

第二章主要介绍心理微讲堂的概念、内容设计、应用途径和评价体系等内容，由陈泳百、黎春平、寻慧君、吕丽云、冯雪梅、邓琇文、莫丹撰写。

第三章主要介绍心理微课与微讲堂视频录制的基本要求、录制方式及后期编辑等内容，由梁臣凤、杨斌勇、陈泳百和黎春平撰写。

第四章主要介绍校园心理微电影的概念、结构、功能、创作、运用及发展前景等方面的内容，由韦德良、苏娟、莫丹、覃岗、杨懿、曾翔、张海丹、刘慧宇、卢晓珍、王一梅、钟佩妍、李怡莲撰写。

第五章主要介绍了阅读疗法的概念、阅读疗法的重要载体微故事，以及撰写微故事的方法等，由韦宣任、何园园、苏娟、许炎玲、邓琇文、黄德信、赵颖梅撰写。

开展心理微系列作品创作活动，目前在南宁市只是初见端倪。今后我们将继续努力，力争将各类作品主题化，规模化，系列化，以优秀作品育人，进行优质的心理健康服务，让所有的孩子都能享受心理素质教育的成果，沐浴心育的阳光，促进南宁市未成年人心理健康和谐发展。

由于成书时间匆忙，限于编者的水平，本书难免存在这样或那样的问题，恭请同行专家、学者不吝赐教。

耿春华

2021 年 4 月

# 目 录

**第一章　心理微课　001**

　　第一节　微课的概念　001

　　第二节　微课的发展　002

　　第三节　心理微课的类型与特征　004

　　第四节　心理微课的设计原则　005

　　第五节　心理微课的制作环节　007

　　第六节　心理微课的应用途径　010

　　第七节　心理微课案例与教学设计　013

**第二章　心理微讲堂　028**

　　第一节　何为心理微讲堂　028

　　第二节　心理微讲堂内容设计　031

　　第三节　微讲堂在心理健康教育中的应用　033

　　第四节　心理微讲堂评价体系　034

　　第五节　心理微讲堂案例与设计　036

**第三章　心理微课与微讲堂视频的录制　068**

　　第一节　心理微课与微讲堂视频录制的基本要求　068

　　第二节　心理微课、微讲堂主要录制方式和后期编辑　069

**第四章　中小学校园心理微电影　076**

　　第一节　何为校园心理微电影　076

　　第二节　中小学校园心理微电影的结构和功能　083

　　第三节　中小学校园心理微电影的创作和运用　092

　　第四节　中小学校园心理微电影的发展前景　102

　　第五节　中小学校园心理微电影剧本案例　103

**第五章　阅读疗法与心理微故事　136**
　　第一节　何为阅读疗法　136
　　第二节　阅读疗法的重要载体——微故事　141
　　第三节　根据阅读疗法的要义选择或撰写微故事　142
　　第四节　心理微故事案例　143

**参考文献　163**

# 第一章 心理微课

近年来,随着现代信息技术的迅猛发展,微课日渐成为中小学生心理健康教育的一种新型的教学模式和学习方式,这种独特的新模式具有不可估量的作用和前景。本章从微课的概念、国内外微课的发展历程、心理微课的类型与特征、心理微课的设计原则、心理微课的制作环节和心理微课的应用途径等方面进行介绍,并结合实践研究探讨了心理微课案例与教学设计。

## 第一节 微课的概念

微课又称为"微课程""微型课程""微型视频课例"等,目前国内用得较多的是"微课"一词。1960年美国北爱荷华大学的勒罗伊·格鲁斯最先提出了60秒课程(60 second course)概念。[1]新加坡南洋理工大学国立教育学院对微课的定义为:运用信息与通信技术(ICT)来达到特定目标的小教学材料,其一般是一系列半独立性的专题或单元,持续时间比较短,一般只有1~2个学时,教学的组织规模也比较小。[2]而当今热议的微课,一般是指美国新墨西哥州圣胡安学院的教育设计师彭罗斯2008年对微课做出的定义:以

---

[1] 梁乐明,曹俏俏,张莹辉.微课程设计模式研究:基于国内外微课程的对比分析[J].开放教育研究,2013(1):65-73.
[2] 孙爽.中学物理微课的设计与开发[D].济南:山东师范大学,2015:9-12.

自主学习为目的、以移动设备为主要载体的实际教学资源,是基于微型教学而开发的主题型课程。

国内的学术界也先后对微课进行了定义,具有代表性的界定主要有以下几种:2011年,胡铁生将微课定义为以教学视频为主要载体,反映教师在课堂教学过程中针对某个知识点或教学环节而开展教与学活动的各种教学资源的有机组合;上海师范大学黎加厚教授认为微课是指教学目标明确,内容短小,10分钟以内集中解决一个问题的微课程;南京师范大学的张一春教授认为微课是为了使学习者获得最佳学习效果而精心设计的简短而完整的教学活动。[1]中小学微课大赛官方文件将微课界定为:"以教学视频为主要呈现方式,围绕学科知识点、例题习题、疑难问题、实验操作等进行的教学过程及相关资源之有机结合体。"[2]而高校微课大赛官方文件则界定为:微课是指以视频为主要载体,记录教师围绕某个知识点或教学环节开展的简短、完整的教学活动。由此可见,微课的定义随着时代的变迁而发生改变。

综上所述,本书将微课的概念界定为:微课是基于某门学科,针对某个知识点或教学环节精心设计和开发的、时长为5~10分钟的一种独立微小的音频或视频。

## 第二节　微课的发展

20世纪50年代末,为了使教育水平与科技发展相适应,美国开展了大规模的教育改革运动。1958年,美国联邦政府颁布了《美国国防教育法》,以立法的形式规定了教育改革的制度和课程的内容,微课在轰轰烈烈的课程改革中应运而生。微课诞生后,英、美等国家教育教学工作者开始积极针对某一主题设计与实施小规模微型课程研究,微课逐步在英、美等发达国家得

---

[1] 李祖娟.微课整合导学案在高中电磁学教学中的应用研究[D].成都:四川师范大学,2017:8-9.

[2] 蒙春梅.高中化学微课程的设计研究:以苏教版"微观结构与物质的多样性"为例[D].福州:福建师范大学,2015:7.

到研究、应用和推广。近二十年微课在世界各地发展迅速。1995年爱丁堡龙比亚大学的T.P.Kee教授提出了只讲核心知识点的一分钟演讲。[1]1998年，新加坡教育部组织实施micro-lessons研究项目，开展微课教师培养及多种课程领域探索。2004年，英国开设教师电视频道，每个节目短小精悍，时长15分钟左右，播出后深受观众的欢迎和认可。2006年，美国教育工作者萨尔曼·可汗创建了可汗学院，通过制作和投放一批课程时长约10分钟的微视频，吸引了各地的学生通过可汗学院线上平台进行探究性学习。2009年美国韦恩州立大学开发了"One Minute Professor"项目，制作了两分钟左右的讲解世界未解之谜和民间奇闻怪谈的微视频，把它们发布到网上后，深受关注。2011年，TED大会在其官方网站上开设了专门针对教育者的频道TED-Ed，TED的微课视频希望为人们提供值得分享的课程。[2]

2009年以来，微课在国内兴起，逐步成为教育技术领域研究热点。众多地区掀起了一股微课研究浪潮，涌现出一大批优秀的微课作品和研究成果。例如，2010年广东省佛山市率先开展微课建设，征集超过3000节优质线上微课。[3]同年，天津市电化教育馆开发"习字与书法"网络微课，逐步在天津市内推广，取得了良好的社会效益。深圳市开展优质课例视频资源的征集及在线展播活动，作品有将近一半为微课视频。2012年教育部主持了首届中国微课大赛，面向全国的中小学教师征集微课，并在一些省市组织开展微课在教育教学中的宣传和培训活动，取得了显著成效。2013年，教育部全国高校教师网络培训中心也主办了首届"全国高校微课教学比赛"，同时创立全国高校微课网，微课开始进入高校，为高校师生提供了更多的交流机会与教学资源。2017年，第三届中国微课大赛微课征集活动已覆盖了多个省份，涵盖中小学全部学科，优秀微课作品累计超十多万节。[4]

总之，国内外微课从起步到发展体现了微课正在逐步成为教育资源体

---

[1] 梁乐明,曹俏俏,张宝辉.微课程设计模式研究：基于国内外微课程的对比分析[J].开放教育研究，2013（1）：65-73.

[2] 贾菲.社会热点生物学知识校本微课程的开发与应用研究[D].西安：陕西师范大学，2017：10-12.

[3] 关晓颖,MOOC背景下的高校图书馆微课服务应用研究[J].黑龙江教育学院学报，2018（3）：153-156.

[4] 同[1]：7-9.

系的重要组成部分。这表明微课的发展与应用已经逐步深入到教育各个领域，未来必将形成一批符合新课程标准的、系统化的微型课例资源。而当前微课的研究主要集中在理论方面，微课的实践研究还有待于进一步系统化、规范化。

## 第三节　心理微课的类型与特征

### 一、心理微课的类型

根据不同的划分标准，心理微课可以分为不同的类型。主要分类方式有：

**（一）按课堂教学主要环节来分类**

中小学课堂教学的五个环节为复习提问、新课引入、新课讲授、归纳总结、课后作业，因此可将心理微课类型分为课前复习类、新课导入类、知识理解类、练习巩固类、小结拓展类等。[1]

**（二）按心理微课制作技术分类**

微课的制作方式多种多样，不同的制作技术所呈现的微课视频形式也会有所不同。因此根据微课的制作方式，将心理微课按制作技术分为电脑屏幕录制型、高清摄像机实景拍摄型、触摸一体机PPT演示型、可汗学院（手写）型、数字故事型等五大类。

**（三）按课堂教学方法来分类**

根据李秉德教授对我国中小学教学活动中常用的教学方法的分类总结，学者们将心理微课划分为11类，分别为：讲授类、问答类、启发类、讨论类、演示类、练习类、实验类、表演类、自主学习类、合作学习类、探究学习类。[2]

特别要注意的是，在选择心理微课类型时，教师要根据课程的性质、教学的要求、学校的实际硬件条件及自身的技术能力来选择微课的类型，一节心理微课可同时选择一种或两种以上的类型的组合。心理微课的类型也不是一成不变的，需要教师在教学实践中不断发展和完善。

---

[1] 陈伟新.高中历史微课的设计与应用实践研究：基于无锡市辅仁高中历史微课教学实践的研究[D].上海：上海师范大学，2016：21.

[2] 马海云.浅谈微课在初中数学课堂的有效应用[J].中国校外教育，2019（7）：165，167.

## 二、心理微课的特征

**（一）时长较短，传播快捷**

心理微课的时长一般为 5~8 分钟，最长不宜超过 10 分钟。授课时间短，可以避免学习者注意力分散，能提高学习者学习效率。因此，传统的 40 或 45 分钟一节的心理教学课例，一般可分解为 3~4 节心理微课。从视频文件大小来说，心理微课视频总容量一般为几十兆字节，当下互联网数据传输的便利使心理微课能较好地传播。

**（二）主题突出，内容精细**

在传统的 40 或 45 分钟的课堂教学中，教师有充裕的时间来按完整的教学流程组织学习活动，如复习引入、新课教学、课堂延伸、总结反思、教学评价等。而心理微课的教学内容设计必须是精准细致的，否则无法在短短的 10 分钟内完成教学任务。心理微课选取的教学内容一般要求主题突出、指向明确，突出课堂教学中某个学科知识点，根据教学目标与要求针对某一重点、难点或疑点进行系统讲解。因此相对于较宽泛的传统课堂，心理微课的问题聚集，主题突出，更能满足学习者的需要。

**（三）制作简单，观看方便**

心理微课制作简单，利用手机等拍摄设备或录屏软件，教师花很少的时间和精力就可以进行录制、分享和交流。同时，因为课程容量小、用时短，学习者可以不受时间和地点的限制，随时可通过移动设备进行观看和交流。学习者在学习心理微课后，还可通过心理微课的课后练习，及时检测自己的学习情况。如果发现有未掌握的知识，学习者还可根据需求重复观看，仔细思考哪些地方没有理解，针对性地进行练习。心理微课的另外一个优点就是便于学习者自主探究新知识，复习和巩固旧知识，及时得到评价。

# 第四节　心理微课的设计原则

为了使心理微课能更好地为学生服务，促进学生的心理发展，心理微课的设计与实施应遵循以下原则。

## 一、主体性原则

心理微课的设计必须以学生为中心，突出学生的主体地位，要设身处地为学习者考虑。不同年龄阶段、不同层次的学生对学习内容的要求是不同的。一节优秀的心理微课，要针对学生的个体差异，根据不同学生的心理特点，既要分析教学对象的学习动机，明确教学目标和教学内容，又要根据学生认知特点灵活使用心理剧、心理对话、案例分析等方式设计教学内容，才能真正做到以学生为主体，因材施教。

## 二、整体性原则

心理微课是一种规范的教育教学活动，心理微课的设计与实施要遵循整体性原则。这就要求心理微课设计时要明确教学目标，厘清各知识点之间的关系，切忌过度切割知识点，避免心理微课学习内容过于杂乱。一节心理微课是一个有机的整体，因此设计既要保证知识点的联系性，又要保证相对独立性。此外在进行心理微课教学时，也要包括常规教学活动主要流程，如：导入、讲授、小结等重要环节。

## 三、实用性原则

心理微课资源的设计与开发要以实用性为导向，基于学习者视角，选择学习者感兴趣的知识点或教学的重点、难点和疑点。内容设计要做到界面简单、实用性强，帮助学习者解决实际问题。尤其注意不能过度追求微课技术的运用，造成心理微课操作程序繁杂，减弱学习者学习兴趣。应遵循实用性原则，设计出操作方便、简单易学的系列心理微课，让更多的学习者能方便快捷地投入到心理微课的学习中去。

## 四、多样性原则

微课制作的形式多种多样，通常有PPT录屏、现场录像、手写录屏等。为了取得较好的教学效果，可综合运用电子白板、录音设备、录屏软件和幻灯片等多种媒体资源表现形式和技术手法，最大限度地提高学生在短时间内的学习效率。微课的碎片化特点满足了学生不同场合、不同时段进行学习的需求，这就要求视频在手机系统、电脑系统以及其他终端均能正常播放。

# 第五节 心理微课的制作环节

一节完整的心理微课设计与制作，应在遵循设计原则的基础上包含以下几个主要环节：心理微课主题的选择、心理微课制作的前期分析、心理微课资源要素设计等。

**一、心理微课主题的选择**

心理微课要想设计得当，达到所设想的教学目标，知识点的选择和分析处理非常重要，并不是所有的知识点都适合做心理微课。具体来说，心理微课主题的选择需要注重以下几点：

（一）突破心理辅导的重难点

在心理辅导过程中，学生往往对一些复杂的心理知识存在困惑，教师可以通过制作心理微课进行讲解，突破心理辅导的重难点。例如，在"认识情绪"心理辅导课中，理解情绪ABC理论是辅导的难点。设计微课时，可以把"半杯水""秀才赶考""老奶奶的心事"等家喻户晓的心理故事制作成形象生动的心理微课，让学生思考：遇到同样一件事情，为什么两位秀才会有不同的情绪反应呢？然后围绕这一心理问题进行研讨分析，最后抽象概括出埃利斯的情绪ABC理论。这样就使原本抽象的心理知识简单化、生活化，激发学生的求知欲望，从而进行自主学习，突破教学重难点。

（二）满足学生个性化心理需求

由于不同层次的学生会对不同问题产生心理困惑，因此从个性化学习的角度来看，只要是学生不能自我调节的心理困惑，都可以将其制作为微课。当然，在制作的顺序和优先级别上，可先考虑重难点问题，这能解决大多数学生的学习困惑，相对价值更高。例如，中学生对异性交往、避孕、自慰等内容都很感兴趣，学习需求很大，但心理辅导课涉及这些方面的却很少。因此，可以根据学生心理需求制作"异性交往的尺度""如何正确处理性关系""避孕的方式方法""如何认识性自慰"等心理微课，激发学生的学习兴趣。

### （三）彰显教师个人风格

心理微课选题应该鼓励教师根据自己的个性特长，开发系列特色课程，彰显个人的教学风格。同样一节以"压力调整"为主题的心理微课，演讲能力比较强的教师可以制作讲授类微课，仔细阐明调整压力的方法；动画制作能力强的教师可以利用自己特长制作动画，使课程形象生动，通俗易懂；表演能力较强的教师可以录制应对心理压力的小故事，引导学生通过体验和分享心得，逐步建构自己的心理知识，从而促进身心的和谐发展。

### （四）注重形成系列化知识

心理学科的学习内容非常丰富。教师在制作心理微课时，对于短时间内无法解决的问题，可以拆分成几个微课选题来解决，这对于后续心理微课的设计至关重要。清晰准确的分析，是后续微课设计大体方向正确的保障。使单一知识点形成系列心理微课，促使零散的心理微课资源形成知识体系，从而达到使用效果最大化。例如将自我认识、情绪调节、人际关系、恋爱与性、应对压力与挫折、生命教育等大的内容主题细化，制作成一系列的心理微课，将其贯穿到不同的教学环节或课后辅导中，形成丰富的教学资源。

## 二、心理微课制作的前期分析

制作心理微课前，需进行授课内容和学情分析，可以结合学习者的知识储备、学习风格等方面进行分析。

### （一）以学生为辅导对象的心理微课

以学生为辅导对象的心理微课，是学校心理微课建设的主流方向，也是心理微课最基本的功能。教师根据各学科的特点，选取某章节单个知识点或某种解题思路和方法制作心理微课。此类微课直接指向具体的问题，一节心理微课只针对一个实际问题。这类心理微课应符合学生实际需求，充分发挥学生的主体作用，培养学生良好的心理品质。这类心理微课需要教师前期积累大量的知识和经验，深入了解教学对象和教学内容，制作适合学生的心理微课，并将其灵活地应用于课堂教学或学生课后自主学习。

### （二）以教师为辅导对象的心理微课

以教师为辅导对象的心理微课，主要用于专职或兼职心理健康教育教师专业发展的培训。此类微课的形式和内容多种多样，以专家的示范引领、年轻教师的成长展示以及年轻教师之间的专业技术能力的交流为主。一方面，教师在学习心理微课制作过程中促进了自身信息技术能力的提升，同时也间接推动了心理辅导微课资源的共建共享。另一方面，心理微课的交流提升了心理教师的专业发展水平，培养出一个具备现代化教育技能的心理研究型团队。如果要建设以学校为单位的心理微课团队，可优先培养各学科的骨干教师，再发挥他们的辐射作用，由他们带动学校的教研组和备课组进行校本教研和校本培训。

（三）以家长为辅导对象的心理微课

在学生整个成长教育的过程中，学校教育是主导，家庭教育是关键，只有这两种教育相辅相成才会起到真正的教育作用。心理微课在两者之间发挥着重要的作用，可以为学校和家庭教育搭建一座指导、交流的桥梁。以家长为辅导对象的心理微课为适应这一需求，逐步发展起来。对于家庭教育型心理微课，家长可根据实际需要，自主选择学习时间、地点和方式，系统学习科学的家庭教育方法，树立正确的家庭教育观，提高科学教育孩子的能力。

**三、心理微课资源要素设计**

心理微课设计的资源要素，主要包括确定心理微课课题名称、教学目标、教学重点等，下文以"认识情绪"的主题课例为例，探讨心理微课资源要素设计。

（一）心理微课课题名称的确定

心理微课课题名称是一节微课讲述内容的概括或提要，可以和整节课的题目相同，也可以选取整节课中的某个知识点作为心理微课的题目。一般来说，初高中心理微课宜采用直接命题法，辅以间接演绎法，小学则宜采用间接演绎法。直接命题法通常点明主题，例如"摆脱不合理的自我认识""战胜自我""培养良好的个性品质""自信心训练"等。间接演绎法通常间接点明主题，例如"拥有自信的微笑""让阳光拥抱你我""内心深处的我""美丽人生　张扬个性""我有我风采"等。

（二）心理微课教学目标的确定

教学目标是教学的基本前提，给教学任务提供测量和评价的标准。确立明确的教学目标，跟选择优良的教学材料一样重要。一个明确且有活力的目标是很容易使课程与学习者发生直接关系的。倘若教师在教学的开始，就明确地知道他要得到怎样的成效，那他就能把握明确的教导方向。例如：高一心理微课"了解情绪ABC理论"的辅导目标是掌握情绪ABC理论；又如"注意力的训练方法"的辅导目标是理解注意力的含义，掌握几种常用的注意力训练方法。

### （三）心理微课教学重难点的确定

每一节心理微课的教学所包容的知识和技能是多方面的。要在有限的 10 分钟内区分轻重缓急和深浅难易，既突出整节微课的重点，又要攻破难点。抓准了重点和难点，也就抓住了教学的突破口和关键环节，增强教学活动的节奏感。通常重点有抽象的知识、难以理解的定律或定理、概念相通、方法相似的知识等。因此，在编写心理微课教案时，要特别注意教学重点和难点不能混为一谈，例如："了解情绪 ABC 理论"心理微课的重点是理解情绪产生的原因，难点是了解情绪产生的基本过程。

### （四）心理微课时间安排的确定

心理微课一般运用视频进行教学，教师面对计算机摄像头进行授课。心理微课的教学过程和常规教学流程大致一样，一般包括课前提问、活动安排、学生合作解决问题等环节，教师也可根据实际情况灵活增减。由于没有学生现场反馈，心理微课节约了教师答疑和学生活动的时间。这些课程设计都是在假设学生已经完成的情况下，继续展示下一个教学环节的。教师可根据内容和学生掌握情况正确把握本节课该讲多少时间，使整节微课有条不紊地进行。中小学心理微课的时间一般在 10 分钟以内。

### （五）心理微课课件设计的确定

心理微课教学课件不仅能为教师的教学实施提供形象的表达工具，帮助教师有效地突破教学重点，而且能为学习者创造出一个图文并茂、生动逼真的教学环境，激发学生的学习兴趣，从而使教学过程免于单调乏味，变得丰富多彩。一节优秀的心理微课，应该是内容与形式的完美统一，让学习者赏心悦目的同时激发学习者的兴趣。形象生动的画面能在短时间内吸引学习者的注意，增强心理微课堂的教学效果。同时，设计中也要考虑设置感悟与分享环节，以便给学习者更多的思索空间。教师要根据教学内容和教学目标，合理适度地安排信息量，调动学生多个感官，帮助学生有效地接受和消化信息。

## 第六节　心理微课的应用途径

心理微课自创立以来，受到了人们的广泛欢迎，应用领域非常广泛。

概括起来，应用途径主要有以下几个方面。

## 一、心理微课在翻转课堂中的应用

2011年可汗学院创始人萨尔曼·可汗大胆探索了"翻转课堂"教学模式，即让学生晚上在家观看数学教学视频，第二天回到教室做作业，遇到问题时则向老师和同学请教，与传统课堂模式正好颠倒。该教学模式取得了良好的效果。在我国，重庆、广州等地区相继开始了翻转课堂的教学实验。有学者预测，翻转课堂在不久的将来会在普通中小学、大学、成人教育乃至特殊教育中普及。对于心理学科而言，心理辅导并不只是单纯的基础知识讲解，更重要的是能够根据学生的特点因材施教，进行个体心理辅导、团体心理辅导。将翻转课堂应用于心理学科，在课前让学生观看心理微视频获得知识，学习过程中学生不再是被动接受老师灌输的心理知识，而是主动地学习心理知识，有利于学生的心理知识构建和思维的培养。翻转课堂为心理学科教学提供了全新的定位与发展。

## 二、心理微课在常规教学中的应用

常规课堂教学中，在教学导入、新授内容、体验与分享等各个环节，教师可依据实际情况，为心理微课设计新颖的情境，帮助学生突破重点、难点、疑点、易错点和易混淆点。实践证明，形式多样、生动活泼的心理微课音频和视频能有效改善学生的学习状态，完成心理知识内化，保持和强化心理学习兴趣。在教学导入环节，教师可根据知识点制作心理微课。例如在上"如何面对压力"这一新课时，可制作一节诙谐生动的心理微课"压力真大"，在导入环节播放后，请学生小组讨论以下问题：平时的学习、生活中，感觉自己心理压力大吗？微课里的人物有什么特别大的压力？轻松愉快的导入，激发学生学习兴趣，也为后面讨论心理压力应对方法做好铺垫。在新授内容环节，教师可将课堂的重点和难点制作成心理微课，对学生进行分层辅导。例如，在学习心理学家格林伦的学习内容分类法时，教师可以把技能和知识学习、概念学习、态度学习等抽象的理论制作成内容丰富的心理案例并通过微课展示，便于学生理解和实现新知识的内化。值得注意的是，心理微课更关注的是学生的切身感悟。心理微课在课堂教学中的应用形式多样，教师可根据实际情况灵活使用。

### 三、心理微课在学生课后自主学习中的应用

心理健康教育涉及大量的专业知识，而目前中小学心理辅导课的课时安排基本上是每周一至两节，很难系统地完成心理辅导内容，学生往往需要用课外时间来学习心理知识。因此，针对当前学生关注的心理热点问题，制作一系列自主学习型心理疏导微课，有利于拓宽学生心理知识面。教师可根据心理学科的特点，以学生个体经验和实际需求为载体，选取某章节的单个知识点或某种解题思路和方法制作心理微课。注重具体的问题，并围绕该问题精心设计热身游戏、校园心理剧、情景模拟、角色扮演、心理行为训练等一系列微课，为学生课后自主探究提供蓝本和参考。例如，高中学生正处于性成熟期，生理发展先于心理发展，对性产生了强烈的好奇与冲动，而普遍缺乏性知识。因此录制"对性负责"为主题的心理疏导微课，有助于他们更好地了解性知识，实现自我疏导。需要注意的是，自主学习型心理微课需要教师前期积累大量的知识和经验，深入了解教学对象和教学内容，制作适合学生自主学习的微课，引导学生自主探究。此外，同样一个内容的心理微课有不同的制作方式，学生可根据个人学习特点自主选择喜欢的课型，增强了心理课程学习的主动性和积极性。

### 四、心理微课在心理健康教师专业发展中的应用

相对于其他学科，中小学心理健康教育学科的师资队伍专业化发展水平较为滞后，专职心理健康教师少，且大多非专业出身，专业水平普遍较低。由于师资匮乏，一些学校没有开展心理健康教育工作。而对于已开展这一工作的学校，专业心理健康教育教师人数不足，专业化发展缓慢，心理健康教育工作仍举步维艰。心理微课的出现，为提升心理健康教师专业水平提供了有效途径。

心理健康教育教师专业发展型微课的教学对象主要为专职或兼职心理教育工作者，注重于教师心理微课开发培训，可以是专家的示范引领、青年教师的成长展示、年轻教师之间的专业技术能力的交流。教师在学习心理微课制作技巧过程中，提升了自身信息技术能力和专业发展水平。基于心理教育工作者专业发展的系列心理微课的制作是一项复杂的系统工程，系统的组织管理是成功的关键。例如，以学校为单位的心理微课团队建设，可优先培养各学科的骨干教师，再发挥他们的辐射作用，由他们带动学校

的教研组、备课组，进行深入心理健康教育的校本教研和校本培训。

### 五、心理微课在家庭教育中的应用

随着我国教育发展水平的不断提升，家长教育孩子的水平也在逐步提高。但依然有一些家长表示不会与孩子沟通，不了解孩子，也不会教育孩子。还有为数不少的家长教育观念滞后，教育方式简单粗暴，与子女沟通交流的能力差，主要表现为训斥多、疏导少。在学生整个成长教育的过程中，学校教育是主导，家庭教育是关键，只有这两种教育相辅相成才会起到真正的教育作用。心理微课向家长普及心理健康教育知识，在两者之间发挥着重要的作用，可以为学校和家庭教育搭建一座指导、交流的桥梁。面向家长的系列心理微课的制作是一项复杂的系统工程，也应该建立心理微课研发机构，安排专门的心理健康教育者进行辅导，设立微课制作小组，成立专门的领导小组负责组织与管理。指导家庭教育的心理微课内容不宜过多，每次只讲一到两个知识点，应涵盖家庭成员沟通与交往、父母自我成长、青春期心理健康教育、学习指导等热点问题。通过一系列心理微课，向家长系统传授心理健康教育方法。同时，还可以建立家长心理微课学习交流群，供家长学习后分享交流，选派专业心理人员入群定期指导共性问题，增强心理健康教育的实效性。

## 第七节　心理微课案例与教学设计

**心理微课案例一：被误解的心理学**

【授课对象】

七年级、高一年级学生。

【授课形式】

PPT 讲解。

【授课时长】

7 分钟。

【授课背景】

学生对心理学存在一定的误解，这些误解容易导致学生对课程产生认知偏差。该课程的授课目的在于帮助学生树立重视心理健康的意识，以科学、健康的观念看待心理现象。

【授课内容】

本课通过师生对话的形式展开关于什么是心理学的讨论，逐一消除了人们对心理学常见的误解，帮助学生认识到心理学并不是读心术，它是一门研究人心理规律的科学，它内涵丰富、包罗万象，催眠和心理咨询都只是它的部分体现。

【授课目标】

1. 消除社会上对心理学存在的误解，引导学生科学地看待心理学。
2. 激发学生对心理学和心理健康课的兴趣。

【教学设计】

| 教学内容 | 画面呈现 | 教师导言 | 教学目标 |
| --- | --- | --- | --- |
| 课题呈现 | | 不少人对心理学充满兴趣和好奇心，可是人们对它也存在一些误解。今天心理课上，老师就和同学们开展有关心理学的讨论，看看我们对心理学存在哪些误解。 | 激发学生学习兴趣 |
| 引子 | | 随着时代的发展，心理学已逐渐走进我们的生活，生活中处处都有心理学。一次心理课上，心理教师让同学们讨论他们眼中的心理学是怎样的，大家畅所欲言后发现原来社会大众对心理学存在不少误解…… | 情境设置 |

续表

| 教学内容 | 画面呈现 | 教师导言 | 教学目标 |
|---|---|---|---|
| 误解一：心理学家知道别人心里在想什么 | 老师，听说学心理学的人都会读心术，能一眼看穿别人心里在想什么，心理学真有那么神奇吗？ | 一些人以为学心理学的人都会读心术，能一眼看穿别人心里在想什么，心理学真有那么神奇吗？ | 引入第一个误解 |
| | 小龙，你这个问题问得好。人们总是认为心理学家无论何时何地都能透视人们的内心活动，这其实是一种误解。 | 人们总是把心理咨询师当成算命先生，认为心理咨询师无论在何时何地都能读取人们的内心活动，这其实是一种误解。 | |
| | 误解一 心理学家知道别人心里在想什么<br>哇，心理学家，那你说我现在心里在想什么？…… | 当周围人得知了你是学心理学专业的时候，他们会好奇地问这种问题："你是学心理学的，那么你说我正在想什么？" | 对第一个误解进行解释说明 |
| | 误解一 心理学家知道别人心里在想什么<br>心理特征 ← → 心理活动规律<br>产生 发展 影响因素 | 心理学是一门研究人的心理特征及心理活动规律的学科，探索心理活动如何产生和发展，受哪些因素影响。 | |
| | 误解一 心理学家知道别人心里在想什么<br>心理学的任务是描述、解释、预测和影响人们的行为，不等于读心术或者算命，不可能一眼就看穿你的想法。<br>表情 生理指标 行为 | 心理学能够描述、解释、预测和影响人们的行为。因此，心理学通常是根据人的情绪、行为等外在表现来研究人的心理，并非具有超自然的感知力，不可能一眼就看穿某人的想法。认为心理咨询师懂得读心术的说法是错误的。 | |

◆ 第一章 心理微课

续表

| 教学内容 | 画面呈现 | 教师导言 | 教学目标 |
|---|---|---|---|
| 误解二：心理咨询师都会催眠 | 原来如此。电视、电影里的催眠是真的吗？心理学家真的可以催眠别人吗？ | 我们常常在电视、电影里看见心理咨询师将一个人催眠之后，这个人就好像睡着一样，并且咨询师说什么他就做什么。那么心理咨询师真的可以催眠别人吗？ | 引入第二个误解 |
| | 看来大家对催眠很感兴趣啊。 | 哈哈，原来大家都对催眠感兴趣。 | |
| | 弗洛伊德是精神分析学派重要的创始人。催眠其实是他早期发明的一种治疗精神病人的方法。 西格蒙德·弗洛伊德 | 西格蒙德·弗洛伊德是精神分析学派重要的创始人。催眠其实是他早期发明的一种治疗精神病人的方法。随着时代的进步，人们发现催眠治疗存在局限性。 | 对第二个误解进行解释说明 |
| | 行为治疗 | 当代心理学倾向于使用行为治疗、认知疗法等更科学有效的方法治疗病人，所以当代大多数心理咨询师的工作并不涉及催眠。 | |
| | 一些影视作品为了观赏效果，往往将催眠夸张化了。真正的催眠并非如此神奇，也不是所有人都可以被催眠的。 误解二 心理学家都会催眠 | 一些影视作品为了观赏效果，往往夸大了催眠的效果，真正的催眠并非如此神奇，也不是所有人都可以被催眠的。所以认为心理咨询师都会催眠这也是误解。 | |

续表

| 教学内容 | 画面呈现 | 教师导言 | 教学目标 |
|---|---|---|---|
| 误解三：心理学就是心理咨询 | 咦，老师，现在心理咨询师这个职业在社会上多热门呀，那心理学不就是心理咨询吗？ | 现在心理咨询师这个职业在社会上多热门呀，那心理学不就是心理咨询吗？ | 引入第三个误解 |
| | 没想到你还挺关注社会热点嘛。的确，心理咨询作为一个新兴行业正蓬勃发展。 | 没想到你还挺关注社会热点。心理咨询的确是一个正蓬勃发展的新兴的行业。 | |
| | 心理咨询的视频23秒 | 随着各式各样的心理门诊、心理咨询中心、心理热线的出现，人们逐渐对心理学熟悉和重视起来，这使得大众一提到心理学就想起心理咨询，心理咨询成为心理学的代名词。 | 对第三个误解进行解释说明 |
| | 教育心理学 | 科学心理学自成立以来不断扩大其研究领域，已成为一门"枝繁叶茂"的学科。当代心理学包含的研究领域甚为宽广，有发展心理学、教育心理学、社会心理学、管理心理学、认知神经科学等，而心理咨询只是其中的一个应用分支。 | |

第一章 心理微课

续表

| 教学内容 | 画面呈现 | 教师导言 | 教学目标 |
|---|---|---|---|
| 误解四：精神病患者才需要心理咨询 | 心理咨询都是针对那些心理有病的人，我们正常人就不需要心理咨询了吧？ | 心理咨询都是针对那些有心理疾病的人，我们正常人就不需要心理咨询了吧？ | 引入第四个误解 |
| | 小龙，你弄错了，你看我刚才查的资料。心理咨询是指运用心理学理论和方法，为来访者解决心理、行为上的困难和问题提供心理援助，并促成其积极改变的面谈方法。 | 心理咨询是指运用心理学理论和方法，为来访者解决心理、行为上的困难和问题提供心理援助，并促成其积极改变的面谈方法。 | 对第四个误解进行解释说明 |
| | 在我们成长过程中难免会遇到困惑和痛苦，这时可通过心理咨询获得支持和抵御的能量，很快便可恢复心理健康。 误解四 精神病患者才需要心理咨询 ✗ | 在我们成长过程中难免会遇到一些困惑和痛苦，就好像你的心理得了一场"感冒"，这时候可通过心理咨询获得支持和抵御的能量，很快便可恢复心理上的健康状态。然而很多人认为只有那些有严重心理问题的人才会走进心理咨询室，这些偏见让来访者背负了不少负担，阻碍了很多需要心理咨询的人获得帮助。所以不要认为只有精神病患者才需要心理咨询，我们正常人在遇到心理困惑时也可以求助于心理咨询。 | |

续表

| 教学内容 | 画面呈现 | 教师导言 | 教学目标 |
|---|---|---|---|
| 误解五：心理学不是科学 | 老师，我还是觉得这个心理学看不见、摸不着，能算是科学吗？ | 心理学看不见、摸不着，能算是科学吗？ | 引入第五个误解 |
| | 哈哈，那是当然的。 | 心理学当然是一门科学。 | |
| | 啊？难道心理学也像物理、化学那样，有着严密的逻辑推理还有实验研究吗？ | 心理学也像物理、化学那样，有着严密的逻辑推理和实验研究吗？ | 对误解五进行解释和说明 |
| | 人的心理变化莫测，很难测定和研究，所以人们通常认为心理学的规律是靠不住的，还有的人简单地将生活经验总结当作是心理学理论，认为心理学十分玄乎。 | 人的心理变化莫测，很难测定和研究，所以人们通常认为心理学的规律是靠不住的，还有的人简单地将生活经验总结当作心理学理论。 | |

续表

| 教学内容 | 画面呈现 | 教师导言 | 教学目标 |
| --- | --- | --- | --- |
| 误解五：心理学不是科学 | | 早在1879年，冯特就在德国莱比锡大学建立了世界上第一个心理学实验室，这标志着科学心理学的诞生。我们开始像研究物理、化学那样，通过实验、测量、逻辑演绎来研究人们的心理。心理学成为一门正在走向成熟的科学。所以认为心理学不是科学的观点是错误的。 | 对误解五进行解释和说明 |
| 课堂结语 | | 以上就是人们普遍对心理学存在的误解。心理学并不是读心术，它是一门研究人们心理规律的科学，它内涵丰富、包罗万象，催眠和心理咨询都只是它的部分体现。当你遇到烦恼和困苦时，欢迎你走进咨询室寻求心理咨询的帮助。 | 引导学生正确看待心理学 |

**心理微课案例二：别再叫我"拖拉斯基"**

**【授课对象】**

七年级学生。

**【授课形式】**

教学视频。

**【授课时长】**

10分钟。

【授课背景】

对于七年级学生来说，进入初中之后，随着学习科目和内容增多，学习负担进一步加重。然而，一些学生在学习上没有计划性，容易感觉忙乱不堪，顾此失彼，学习效率较低，长期处于迷茫状态当中。于是，一些自律性不强或者目标不明确的学生就会出现拖延现象。通过课前小调查，我们发现超过70%的初中生存在拖延问题，其中50%的学生表明拖延已经成了他们的习惯。由此可以看出，使大多数有拖延现象的同学可以对症下药，从根本上解决自己的拖延问题，学会时间管理、克服拖延心理变得尤为重要。

【授课内容】

呈现日常拖延经历，分享有效战胜拖延的技巧和方法。

【授课目标】

帮助学生察觉自身存在的拖延行为，引导学生意识到拖延的不良影响，激起学生改变自身拖延习惯的决心，指导学生掌握一些有效战胜拖延的技巧和方法。

【教学设计】

（课题呈现，情境导入，引发学生学习兴趣）

老师：进入初中之后，我们发现在同学们当中拖延成为一种较为普遍的现象。于是，为了战胜拖延，校园里组成了许多个"战拖小组"。在一次"战拖会"的分享中，小强同学给大家分享了他那些苦不堪言的拖延经历。

小强：我平时上课的时候，总是走神，课上可以完成的事，总是要拖到课后。写作业的时候总认为还有时间，可以慢慢写不着急。这样日复一日，想着凡事儿可以明天再做，但是当我开始要做的时候，没坚持多久，脑子里又冒出各种各样的理由开始拖延。没有学习计划，也不懂得时间管理，经常忙活半天，手忙脚乱，要紧的事儿却没做，交作业时总是被催的那一个。但还是一如既往地在最后期限才交作业，结果总是因为时间紧迫而应付了事。房间、书桌经常不及时收拾，以致总找不到东西。于是，同学们总叫我"拖拉斯基"。拖延很是令我烦恼，我该怎么办呢？

（知识科普，了解拖延症的定义）

老师：这是小强的拖延经历，但也可能是你我某时候的拖延经历。其实，提起"拖延"这个词，相信大家都不会陌生，我们经常在平时的学习生活中听到"拖延症发作"之类的话。那拖延究竟是什么呢?

（呈现35秒的视频，介绍拖延症的定义。呈现拖延心理怪圈，深入剖析拖延症形成的原因与影响）

教师：要弄清楚拖延有没有成为一个问题，就要看它有没有让人烦恼不已。如果你已经为此感到烦恼不已，那么你已经加入了拖延症患者的行列。

拖延症会带来内在后果和外在后果。内在后果就是会给人们带来巨大的心理负担，包括挫败、后悔、强烈的自我谴责、愤怒、绝望等负面情绪。外在后果会使拖延者承受来自金钱、学业、人际关系、健康、家庭等方面的重大挫折，甚至会失去很多重要的东西。

既然拖延症带来的后果这么严重，那为什么拖延症很难摆脱呢？这是因为拖延症患者走进了一个拖延的心理怪圈。每当接到一个任务时，他们总是很有信心，并没有马上着手。一段时间后他们发现已经晚了，于是开始焦虑，压力逐渐加大，责备自己之前为什么要浪费时间，与此同时却越发不愿意去做这件事，而会去做一些相对轻松的事，比如上网聊天、看视频等。

众多的研究调查表明，人们之所以产生那么多不良的拖延习惯，其实是因为害怕把事情做得不够完美，害怕不必要的麻烦，害怕别人会对自己评头论足。在这样的潜意识下，拖延者觉得与其去努力做事，不如再拖延一会。拖延，可以让他逃避困难，暂时成为保护他们的盾牌。其实拖延并不可怕，可怕的是一再放任自己不去试图改变。

小强：怎样才能战胜拖延，成为"拖延终结者"呢？

（引导学生掌握有效战胜拖延的方法与技巧）

老师：其实，战胜拖延有三个招式——一是靠谱的计划，二是科学的时间管理，三是学会拒绝和接受监督。

关于靠谱的计划。首先，这个计划行为是可观察的，以此可以来界定我们是否完成该计划。其次，计划必须分成几个小步骤，脚踏实地会让我们走得更加自信与从容。我们知道克服拖延长路漫漫，因此，随时制订一些容易达成的小目标，可以一路上带给我们成就感与满足感。不仅如此，在这个过程中，我们还需要注意一些细节。例如，时常给自己创造合适的环境、坚守时间限制、小心自己的借口、定时回头解决困难，以及给完成任务的自己奖赏。

关于科学的时间管理。造成拖延的原因很大程度上是低估了今天而高估了明天，因此要学会预估完成一件事情实际要花费的时间。学会利用零碎的时间也是一个非常聪明的方法。同时，要找出自己做事效率最佳的时间段，在最佳的时间里高效做事。

关于拒绝和接受监督。要学会拒绝，对不必要的事情和不合适的人说"不"。还有很重要的一点，就是要学会借助他人的力量，接受他人的监督，这会让你获得源源不断的动力。

小强：原来，战胜拖延有方法才会更简单！我明白了，首先要有靠谱的计划，其次要进行科学的时间管理，最后要学会拒绝和接受监督。

老师：是的，告别拖延，或许是一个漫长的过程。我们需要耐心，更需要坚持。唯有坚持才有收获，唯有行动方能改变。小强，记得利用这三招式努力战胜拖延！

**心理微课案例三：巴纳姆效应**

**【授课对象】**

小学四至六年级学生。

**【授课形式】**

教学视频。

**【授课时长】**

6分钟。

**【授课背景】**

根据儿童心理发展的特点，小学中、高年级学生自我意识得到一定的发展并逐渐趋于平稳。他们的认知和评价焦点开始从自己的表面行为转向自己的内在品质，希望能对自身的性格、品质等方面有更多的认识。同时，由于该阶段学生自我意识发展不够成熟，容易受到外界信息的暗示，从而出现自我认知的偏差。

**【授课内容】**

巴纳姆效应的概念以及生活中的具体现象。

**【授课目标】**

使学生了解巴纳姆效应的概念，并通过亲身体验和教师讲授等方法，引导学生认识巴纳姆效应在生活中的具体体现。学生在生活中学会辨识巴纳姆效应的负面暗示，能够积极乐观地面对生活。

【教学设计】

1. 故事导入，引发思考，激发学生兴趣

（教师讲授故事）

老师：我最好的朋友有一次问我世界上什么事儿最难，我回答说大概是挣钱最难。他立马摇了摇头。我想了想又说："难道是哥德巴赫猜想？"他又摇了摇头，神秘兮兮地对我说："是认识你自己！"

（教师小结，过渡主题）

老师：的确，那些富于思想的哲学家们都这样认为。自古以来，人们就不断地询问自己，从来没有停止过对自我的追寻。由此可见，认识自己的确是一件不容易的事情！

2. 心理实验，深入体会

老师：但是，我这儿有一个水晶球，只要你不眨眼地盯着它看5秒钟，它就能看透真正的你。不信你看！（课件停留5秒）

（学生参与实验体验）

老师：你是一个需要别人尊重并喜欢你的人。你有自我批判的意识，也有许多优秀的潜质没发挥出来。你有一些缺点，不过一般情况下你都可以克服它们。有时你怀疑自己所做的决定或所做的事是否正确。你喜欢生活有些变化，讨厌被限制。你独立思考，不会接受别人没有充分理由的建议。你认为在别人面前过于坦率地表露自己心声是不明智的。你有时外向、亲切、好交际，而有时则内向、谨慎、沉默。

（教师小结）

老师：你是否觉得这水晶球太神奇了呢？能这么准确地看穿你。（停留5秒让学生思考）

3. 原理解释，明确概念

老师：心理学家曾经用一段笼统的、几乎适用于任何人的话让一群大学生判断是否适用于自己，结果，他们中的绝大多数人认为这段话将自己描述得细致入微、准确至极。研究表明，人很容易认为一个笼统的、一般性的人格描述特别适用于自己，尤其是在认识自己的方面。认识自己，心理学称之为自我知觉，是个人了解自己的过程。在这个过程中，人很容易受到外界信息的暗示，从而出现自我知觉的偏差，心理学上将这种倾向称为"巴纳姆效应"。

4. 联系实际，在生活中运用

老师：巴纳姆效应在生活中十分常见。比如有些人在请教过算命先生后认为算命先生说得"很准"。其实，有意去算命的人本身就有易受暗示的特点。再加上算命先生善于揣摩人的内心感受，能够理解求助者的感受，这使求助者容易产生精神安慰。于是，算命先生说的任何话都会使求助者深信不疑。接下来，请你再次盯着这个水晶球看 5 秒吧，我保证它一定能猜出此刻你心中的想法！（课件停留 5 秒）哈哈，你一定在想我是骗你的吧！

**心理微课案例四：舌尖现象**

【授课对象】

九年级学生。

【授课形式】

教学视频。

【授课时长】

5 分钟。

【授课背景】

在考场上考试时，由于紧张等心理因素的影响，考生可能无法记起一些简单熟悉的字、单词或公式等，考试过后却又突然想起来了，这就是"舌尖现象"。舌尖现象会对考生的考试心态及成绩产生较大的影响。因此，让学生对舌尖现象形成科学认识，掌握克服的方法，对学生培养良好的考试心态十分重要。

【授课内容】介绍舌尖现象的表现、产生原因，介绍克服舌尖现象的方法。

【授课目标】使学生对舌尖现象的表现及产生原因有正确和科学的认识，掌握克服舌尖现象的方法。

【教学设计】

1. 舌尖现象的表现

（通过举例介绍舌尖现象的产生及其表现）

同学 1：哎呀，这道题目我以前做过的呀，怎么想不起来了？

同学2："葡萄美酒夜光杯"的下一句是什么了？平时明明背得很熟的。

老师：许多同学在考试中都有过这样的经历——一些平时觉得简单熟悉的字、单词或公式等，在考试时就是无法记起，考试过后却又突然想起来了。心理学上称这种特殊现象为记忆的"舌尖现象"。意思是回忆的内容到了舌尖，只差一点就能脱口而出了，但就是无法回忆起来。

2.产生舌尖现象的原因

（1）舌尖现象只是一种暂时性的遗忘。

老师：舌尖现象是否意味着记忆的内容已经被我们永久遗忘？并非如此。有研究团队曾对舌尖现象进行追踪研究，发现那些声称有舌尖现象的人能在平均1.9天后会想起来。因此，舌尖现象只是一种暂时性的遗忘，是大脑对记忆内容的暂时性抑制造成的。

（2）通过介绍大脑对知识的记忆过程理解舌尖现象的产生。

老师：人的大脑在记忆过程中与电脑有异曲同工之妙，有类似于电脑的编码、储存、检索和解码过程。大脑首先要将接触到的各种材料进行编码，编码又由形码、声码和意码三部分组成。就像在现实生活中，我们先看到事物的形状，然后记住事物的名称，最后则弄清楚事物的意义与用途。形码、声码和意码分别储存在大脑的不同部位，当我们需要回忆的时候，大脑检索三个不同的储存部位，进而对记忆中的事物进行解码，还原出其对应的形象、名称和意义。如果在检索过程中，形码、声码、意码中某一种码无法被检索出来，或是三者检索后无法联结时，记忆中的物体就会"缺胳膊"或"少大腿"，差这么一点点就能被完整记忆起，形成了舌尖现象。

（3）通过介绍大脑对记忆内容的暂时性抑制的来源，理解舌尖现象的产生。

老师：大脑对记忆内容的暂时性抑制有多方面的原因，原因之一是我们即将要调用的记忆中的一部分特征过于清晰，以致掩盖了我们真正要回忆的那部分特征。比如你只记得一个很久不见的同学的外号却想不起他的名字。记忆也受回忆时的情境因素影响。记忆在进行编码的时候，也会对同时间周围的情境进行编码储存。当提取记忆的情境和编码的情境不一致时，会对提取造成困难。此外，自身情绪因素也能干扰记忆。情绪越紧张，舌尖现象就越容易产生。

### 3. 克服舌尖现象的方法

老师：当考试中出现舌尖现象时，常常会影响到考生的情绪和信心，那么怎样克服舌尖现象呢？可以采用以下方法。

（1）扎实地学好知识，形成知识网络。我们在将信息存储到大脑中时，先将其整理好，使其具有系统性和条理性。待到我们需要这些信息时，大脑顺着当初存入信息的"系统"便能够将信息顺利地提取出来。

（2）多途径编码记忆。借助理解记忆和多感官记忆建立起有效的检索体系，在需要运用知识的时候便能准确、及时地提取出来。比如，在学习英语单词的时候，我们可以依靠发音、拼写和词义来记忆词汇，日后就可以通过声音、图像以及具体含义来精准地记起单词。

（3）保持冷静、放松。处于紧张的考试环境中，人不可避免地会出现舌尖现象。这时可闭上双目，做几下深呼吸，可以想一想与之相关的学习内容。然后想象自己是在平时熟悉的教室中学习，手中仍是那熟悉的书本，仿佛仍听到熟悉的老师在眼前讲课。进入熟悉的情境后再回忆，舌尖现象就能迎刃而解。

（4）努力回忆有效线索。我们所记忆的知识之间常有内在的联系，并不是零散孤立的。我们可以利用相关的线索进行联想。比如，可以努力回忆与问题有关的事物（所学的课程、笔记及有关练习题）或者还原与记忆有关的某些情境，比如上课的教室、教师的板书、教科书等，以帮助恢复记忆。

（5）转移注意力。如果还是不能记起来，就应暂时放下这道题，把注意力转移到其他题目上，以免耽误太多的时间。也许过一会儿就能想起来，更有可能在做其他题的过程中受到启发而茅塞顿开。

# 第二章　心理微讲堂

**随**着社会的发展，知识更新越来越快，教师和家长们要开展好教学、教育工作变得越来越不容易。这就需要教师和家长们不断更新知识和观念，跟上时代发展。在这种背景下，各种教师培训和家长培训就成了一种可供选择的方式。但是，对很多教师和家长来说，要专程花半天、一天甚至更长的整段时间去参加专门的培训并不是一件很容易的事情。在"互联网+"和新媒体加速发展的形势下，碎片化的学习受到了大众的广泛欢迎，于是，心理微讲堂这一便利的学习方式应运而生。

## 第一节　何为心理微讲堂

心理微讲堂是一种面向教师和家长的讲座（可不设听众），它以教师、家长所关心的孩子心理发展问题为主题，围绕教学或家庭教育中常见、典型的问题进行针对性指导，对教师的教学教育工作、家长的家庭教育，以及社区的青少年工作的开展有较好的指导意义。

### 一、心理微讲堂的特点

（一）呈现内容直观

心理微讲堂充分结合现代化的多媒体资源，可通过图片、动画、音乐、故事等形式直观地呈现出微讲堂主要的内容，例如谈到学生心理问题教育时，可简短地呈现某个学生心理问题教育的案例，配以适当的音乐、图片及简短的文字，使人一目了然，并且铭记于心。

（二）短小精悍

心理微讲堂的内容通常在10分钟以内，让人在短时间内，通过更加直观、生动的微讲堂获得更加清晰的知识内容。微讲堂按照知识点来制作视频，便于碎片化学习，也利于记忆与理解。

（三）内容形式多样

心理微讲堂的课程内容形式多样，如中学生心理健康教育小视频、案例相关的图片、优美的音乐作品、简短的文字介绍、动听的故事等。

（四）结构相对独立

每个心理微讲堂的主题相对独立，通过简短的教学阐明一个明确的主题。这些碎片化的基本教学元素构成了一个动态可控的有机体，使得各种学习材料在在线学习的过程中被及时调动起来，学习者能把控学习节奏，具有一定的主动性。

（五）符合教学最优化理论

心理微讲堂可以在很短时间内，集中地将一个小的知识点阐述清楚，达到教学目的。它可通过网络传播，在不同地方、不同时间实现多次重复利用，无限放大教学效果，达到教学资源共享的理想状态。从这个角度来看，它符合教学最优化理论。[1]在心理健康教育微讲堂教学中，可创设丰富的情境，满足学习者的不同需求。基于微讲堂的心理健康教育教学可以是多元化的学习方式，也可以是统一学习内容的讲座。

**二、微讲堂在心理健康教育中的作用**

（一）提高心理健康教育的教学效率

心理健康教育非常注重学习者的参与程度和体验感受，常常将与主题相关的游戏和活动纳入课程设计中。将心理微讲堂引入心理健康教育活动中，可以让学习者能够灵活地选择学习内容和时间，更好地满足他们对心理健康教育知识的个性化学习需求。这样一方面能在一定程度上弥补多数学校心理健康教育课时少和缺少个性化教育的不足，从而提高心理健康教

---

[1]潘晓敏.微课应用于中小学心理健康教育的思考[J].中小学心理健康教育，2016（20）：26-28.

育的教学效率。另一方面，对学习主体而言，微讲堂中积极的体验有利于进行自我探索，从而产生自我成长的积极力量，实现自我教育，更好地预防心理问题的出现。

（二）促进教师专业发展

将微讲堂应用于中小学心理健康教育中具有积极的作用，但它无疑也对心理健康教育教师提出了更高的要求：心理教师要做好日常工作，还要掌握制作微讲堂的相关技巧，形成新的、有效的心理健康教育形式。这个过程能促进心理教师对新事物的尝试和探索，也能促进他们对专业知识的思考，有利于自身专业素养的发展。另外，微讲堂互动性强，能够促进同行之间进行交流和探讨，对整体提高心理健康教育水平和质量具有重要的作用。教师在这个过程中不断进行自我探索，改进自己的不足，在一定程度上也能促进教师的个人和专业发展。

（三）改进家庭教育的观念和方式

家庭教育是孩子在成长过程中不可缺少的一种教育，它发挥了学校教育、社会教育不可代替的作用。孩子成长过程中的大部分时间其实是在家庭中度过的，他们的生活始终与家庭小集体有密切的联系。随着社会进步和社会结构的复杂化，家庭教育愈加重要。

俗话说，父母是孩子的第一任教师。孩子的语言表达、性格三观、行为举止和习惯的养成都受到父母的熏陶和感染，家庭的影响作用是非常大的。因此，做好家庭教育对学生身心健康成长是极其重要的。心理微讲堂可以帮助家长了解孩子在每个阶段不同的心理发展特点和规律，帮助家长更新家庭教育观念和改进教育方式，提高对孩子的教育水平和教育能力，这将有利于孩子身心健康成长，同时促进家庭关系的和谐发展。

（四）促进社区开展青少年教育工作

心理微讲堂一般使用浅显易懂的语言和贴近生活的案例，分享行之有效的心理教育理念。社区工作者通过心理微讲堂能了解和掌握不同阶段孩子的心理发展特点和发展规律，有利于在社区开展符合家庭需求的青少年教育工作，从而提供更好的社区服务，使未成年人心理健康辅导工作专业化、常态化。

## 第二节 心理微讲堂内容设计

一部好的心理微讲堂作品一定要有好的选题，选好题就成功了一半。在选好题的基础上再注意内容的设计，让课堂更有吸引力。

### 一、心理微讲堂的选题

心理微讲堂是为了促进教师的教学教育、家庭的有效教育以及社区青少年教育工作而专门开设的，因此微讲堂的内容应围绕教学、家庭教育以及社区开展青少年教育工作中常见的典型问题来选择，并依据青少年不同阶段呈现的心理特征进行有针对性的设计。比如，小学一年级刚入学的孩子，对新的学习生活感到新鲜又陌生，此时他们会表现出好奇、好动、好模仿、难专注等特点，让老师和家长很操心和焦虑。因此，针对小学一年级学生的教师和家长所设计的微讲堂应以指导学生适应学习环境、培养习惯和兴趣为主。可以从如何安排时间入手，培养孩子养成独立自主、热爱学习的好习惯。又如，初中生正值青春期，其中初二学生尤为明显，他们正处于"心理性断乳期"，甚至有学者认为初二是整个中学阶段"最危险"的阶段，因此初二学生最难管理。[1]因此，可以针对初二学生的教师和家长设计有关学习、人格、生活、性格与职业等该学段学生感兴趣的内容的微讲堂主题。此类微讲堂必须注重激发学生的学习动机，引导学生增强学习兴趣，学会正确对待成功与失败，增强自信心，克服自卑、自弃心理，逐渐培养勤奋和刻苦的精神；同时，还要引导学生学会休闲，学会交往，克服青春期的心理困扰，能够大方得体地与同学和长辈交往。

### 二、内容设计要点

选择恰当的选题后，要明确教学目的，厘清教学思路，要有效解决具体的教育问题，注重情景化、趣味化、可视化。微讲堂可以根据课程的需要，突破室内的空间局限，综合使用各种展示工具和表现方式，以灵活多样的

---

[1] 王维审，张沛霞. 班级管理在控制辍学中的作用[J]. 现代中小学教育，2008（12）：61-62.

形式和内容激发学习者的学习兴趣。

（一）文字要以情动人

作为思维载体的文字蕴藏着巨大的教育能量。因此，心理微讲堂要以优美、温婉而细腻的文字发挥其特有的感染力和感召力，给人以精神的享受、情感的陶冶。通过言语的渲染，营造一个优美的意境，使学习者的灵魂得到浸润，情感得以陶冶，内心产生震撼。

（二）音乐要以美感人

音乐以其特有的旋律和节奏塑造特定的音乐形象，给人美妙而丰富的感官享受。微讲堂教学中，选取的乐曲要与微讲堂的基调、意境及情境相协调。

（三）画面要以景育人

画面是展示形象的主要手段，用画面再现教学情境可以使教学内容形象化。尤其是动画能更好地体现故事情节、人物活动，更具吸引力和感召力。因此，要善于将情境图制作成动画课件，充分利用它的形、声、色、动、静等功能，让画面动态化、形象化。

（四）故事情节要引人入胜

围绕一个中心情节，用讲述的语气描述两三个人物，让他们在两三个不同的场合，展开两三次心理冲突，通过人物之间心灵深处的对话，使心理冲突得到化解。这样的故事达到"讲得出，听得进，记得住，传得开"的要求。

心理微讲堂不仅要以动人的语言、优美的音乐和生动的画面来吸引学习者，更要设计出满足学习者心理需求的内容，使人愿看、想看。故事应贴近生活，走进心灵，讲述身边的故事，抒发真实的情感。

（五）形式要真切感人

通常情形下的心理教育是抽象而略显枯燥的，因此，心理课堂要变抽象的说理为生动、直观、形象的愉快教育。只有触及一般教学形式所无法触及的内心感觉和体验，才能让教学变得有较强的感染力，让学习者在愉悦的环境中获取知识与精神养分，唤起情感共鸣，激发学习热情。我们一方面要利用形象、生动、具体的微讲堂激发学习者的学习兴趣，另一方面还要变抽象的口号为直观感受，把内在情感化为实际行动。

（六）总结要微言大义

微讲堂不能迷失教育的目标，并且要摒弃传统的灌输说教形式。微讲堂要微言大义，发挥引导作用。在微讲堂中要有精要的总结，引导学习者升华情感，让心灵得到滋润，在正确价值观的指引下树立健康向上的生活态度，促进身心健康成长。话不宜总结得过多，点到为止，让学习者在感悟中升华，在升华中践行。

## 第三节　微讲堂在心理健康教育中的应用

心理微讲堂作为一种便利的学习形式，可用于教育学习中的多方面，概括来说，主要有以下几个方面。

### 一、用于教育讲座

可以利用微讲堂创设情境导入主题。比如，在"沟通技巧在人际交往中的妙用"讲座中，可以将不同的沟通方式通过微讲堂的形式直观地呈现出来，引导学习者思考沟通方式对人际交往的影响、何种沟通方式更有利于良好人际关系的建立和维持、各种沟通方式有何特点等问题，从而引出讲座主题。

在心理课堂讲座过程中，有时需要讲解一些经典心理学实验，比如在恋爱心理课程中引导学生学会等待，常常需要做延迟满足的实验来辅助教学，此时可以将实验内容和过程制作成微讲堂，配合图片、音乐、动画和讲解，以生动、直观的方式呈现给学生，将科普趣味化，从而使学生易于理解和接受。[1] 还有些需要重复讲述的内容，如某些活动的规则、知识点的回顾等，利用微讲堂的形式教学既能帮助学习者理解，又能激发其参与的积极性。需要注意的是，微讲堂作为一种教学手段和资源，教师应根据教学实际需要恰当使用，课堂中授课者和学习者之间的交流和互动仍然必不可少。

### 二、用于教育拓展延伸

由于课堂的时间有限，有些内容无法在课堂中详细呈现，教师则可以将这些内容制作成微讲堂，让学习者在课后自主学习。以"情绪调节"内容为例，如果课堂的重点是让学习者理解、掌握并学会运用改变认知调节

---

[1] 李锦萍. 浅谈微课在高中心理课中的有效应用 [J]. 中小学心理健康教育，2017（4）：18-19.

法，那么情绪调节的其他方法的学习就可以通过微讲堂的形式放到课外学习的环节进行。如微讲堂之"情绪调节的宣泄法"，除介绍宣泄法的操作方法和注意事项外，还可以在微讲堂里加入一个合理宣泄的情景，如在空旷无人的地方大声喊叫，让学习者跟着一起做。再比如，情绪调节的改变认知法可以用于解决学生心理教育、亲子教育中的许多问题，如孩子的考试焦虑、考试受挫、人际交往不良等。可以将这一方法的具体运用制作成微讲堂进行课后拓展，加深学习者对主题内容的认识，满足学习者的个性化学习需求。

### 三、作为传统心理讲座的补充

社区开展心理健康教育的机会不多，而微讲堂能作为社区心理教育工作的补充。例如，系统的亲子教育微讲堂能直接应用到社区心理教育中，弥补传统心理讲座的不足，提高心理健康教育工作效率。

## 第四节　心理微讲堂评价体系

将微讲堂引入心理健康教育，目的在于提高心理健康教育的质量。为了实现该目的，心理健康教育微讲堂应与其他常规课堂教学一样，都要面临种种评价和考核，包括课程设计是否合理、实施过程是否恰当、实施后效果是否有效等。只有直面这些评价和考核，我们才能不断建设、实施和完善心理健康教育微讲堂。心理健康教育课程评价是心理健康教育体系的重要组成部分，是根据结果及时调整心理健康教育计划实施方案、内容、过程的有效杠杆，因此我们要重视对课程的评价。

在发展心理健康教育微讲堂的过程中，需要逐渐建立与之相对应的课程评价体系，科学的评价体系能够保障微讲堂在心理健康教育中应用的质量。微讲堂评价可参考表2-1中所列的标准。

表 2-1　心理微讲堂评价标准

| 一级指标 | 二级指标 | 指标说明 |
| --- | --- | --- |
| 选题设计（10分） | 选题简明（5分） | 围绕教师和家长关心的某个与孩子心理发展密切相关的问题，对教师和家长开展讲座（可不设听众）。讲座内容尽量小而精，建议围绕某个具体的点，而不是抽象、宽泛的面 |
| | 设计合理（5分） | 应围绕教学或家庭教育中常见的、典型的问题或内容进行针对性设计，对教师的教学教育、家长的家庭教育以及社区的青少年教育工作的开展有较好的指导意义 |
| 教学内容（25分） | 科学正确（15分） | 内容严谨，符合个体心理发展阶段规律，不出现任何科学性错误 |
| | 逻辑清晰（10分） | 内容的组织与编排要符合个体的认知逻辑规律，主线清晰、重点突出，逻辑性强，明了易懂 |
| 作品规范（30分） | 结构完整（5分） | 具有一定的独立性和完整性，作品必须包含微讲堂视频，还应该包括在微讲堂录制过程中使用到的辅助扩展资料，如微教案、微课件、微反思等，以便其他人借鉴与使用 |
| | 技术规范（15分） | 微讲堂视频时长一般不超过10分钟，视频画质清晰、图像稳定、声音清楚（无杂音）、声音与画面同步；微教案要围绕所选主题进行设计，要突出重点，注重实效；微课件设计要形象直观、层次分明、简单明了；微讲堂制作完毕后应进行检查和分析，力求客观真实、有理有据、富有启发性 |
| | 语言规范（10分） | 吐字标准，声音洪亮、有节奏感，语言富有感染力 |
| 教学效果（35分） | 形式新颖（10分） | 构思新颖，讲解方式富有创意，不拘泥于传统的讲座模式，类型包括但不限于教授类、答疑类、实验类、活动类；录制方法与工具可以自由选择，如用手写板、电子白板、黑板、白纸、PPT、平板电脑、录屏软件、手机、数字摄像机（DV）、数码相机等 |
| | 趣味性强（10分） | 讲座过程深入浅出，形象生动，精彩有趣，启发引导性强，有利于提升学习者的学习积极性与主动性 |
| | 目标达成（15分） | 完成设定的教学目标，有效解决实际教育问题，促进学习者思维的提升、能力的提高 |

## 第五节 心理微讲堂案例与设计

**心理微讲堂案例一：替代惩罚的方法**

【授课对象】

学生家长。

【授课形式】

教学视频。

【授课时长】

6分钟。

【所需工具】

录像机、耳机麦克风、电脑、电脑软件（Techsmith Camtasia Studio V6.0.2汉化版和会声会影）、手绘漫画作品。

【授课背景】

当孩子出现了一些不当的言行举止时，有些父母往往缺乏耐心，以简单粗暴的惩罚教育为主，最终并不能很好地跟孩子沟通，反而导致亲子矛盾的激化。

【授课内容】

作品以妈妈带孩子去逛超市为例子，展现了当孩子出现一些不当的言行举止时，父母能用哪些方法来跟孩子进行有效沟通。有些时候教育并不能立竿见影，需要父母有更多的耐心。

【授课目标】

分享七种亲子沟通的有效方法。

【台本】

老师：大家好，欢迎来到亲子沟通微讲堂，今天我们一起来探讨一个家庭生活中经常会遇到的问题。当孩子做了一件让人无法忍受的事情时，我们极少会先控制自己的情绪，再冷静地引导孩子。更多时候我们觉得孩子的行为真是忍无可忍，于是对孩子进行挖苦、说教、警告、威胁等念头不自觉地从我们的脑海里冒出来。一些家长曾经告诉我，他们经常用自己不喜欢的方式和孩子说话，然而这样的沟通是无效果的，他们感到很沮丧。于是我告诉他们没关系，意识到自己的错误就是进步，这是改变的开始。今天就让我们一起来看一看这个家庭发生的故事吧。（转场，切换至小明和妈妈）

旁白：晚饭过后，妈妈带着小明去逛超市，小明一进超市就开始顽皮地在各种货架间奔跑玩耍，妈妈多次劝说无效。这一次，妈妈真的生气了。

妈妈（生气地抓住小明）：小明，你再不听话试试！等爸爸回来，有你好受的。

旁白：这或许就是大多数时候我们的反应，结果往往以孩子的哭闹结束，亲子间沟通无果。

（转场，切换至课件）

老师：那么，如果我们换一种方式，又会是怎样的结局呢？

方法一：请孩子帮忙，转移注意力。

妈妈：小明，别跑了，你来帮我去拿三个苹果，好吗？

方法二：明确表达强烈不同意的立场，但不攻击孩子的人格。

妈妈：我不喜欢你这样！小朋友在过道上乱跑会干扰别人购物！

方法三：表明你的期待。

妈妈：小明，我希望我们在逛超市的时候，你能好好地走路。

方法四：提供选择。

妈妈：小明，别跑。给你做个选择，你要么好好走路，要么坐在购物车里，你来决定！

方法五：采取行动。

妈妈：小明，如果你还是不听话，那么我们必须要采取行动，因为已经事先约定了。

方法六：告诉孩子怎样弥补自己的失误。

旁白：假如还未等你劝说，孩子已经打翻一个货架的东西了，这个时候你可以对他说什么呢？

妈妈：现在你需要马上把这些东西捡起来，把它们摆放在原来的位置上并整理好。

旁白：对于孩子来说，这几步就足够唤起他们的责任心了。

（转场，切换至教师镜头）

老师：当然，有些时候孩子实在闹腾，使得我们不得不提前离开超市。接下来该怎么办呢？其实不用再说教，也不用长篇大论地和他讲道理，到了第二天，他自然会为他的所作所为付出代价。

（转场，切换至课件）

方法七：让孩子体验不当行为带来的后果。

（转场，切换至小明和妈妈）

小明：妈妈，你要去哪呀？

妈妈：买东西。

小明：我也想去！

妈妈：今天不行。

小明：为什么？

妈妈：你说呢，是为什么呢？

小明：因为我昨天在超市里乱跑吗？

妈妈：你说对了。

小明：对不起。再给我一次机会嘛！

妈妈：会有很多机会的。今天我想自己去。

（转场，切换至教师镜头）

老师：故事结束了。让我们一起来回顾一下这位智慧妈妈有效的办法吧。今天，你学会了几条呢？

（转场，切换至课件，用文字呈现上述七种方法）

（转场，切换至教师镜头）

老师：也许今天我们一起探讨总结的这七个方法并不是每一条都适用于您的孩子，但总有您可以参考的。教育孩子以相互尊重和信任为前提，同时我们要以身作则，使用良好的、有效的亲子沟通方法，相信我们的孩子会变得越来越好。

（转场，切换至课件，配上结语：教育的艺术不在于传授本领，而在于极力唤醒和鼓舞！）

【点评】

作品选题简明，围绕"惩罚教育"这个与学生心理发展密切相关的话题，以具体的故事作为例子，讲解替代惩罚教育的七种方法，对教师的教学教育和家长的家庭教育有较好的指导意义。在技术规范方面，作品视频画质清晰、图像稳定、声音清楚、声音与画面同步，让学习者赏心悦目。作品的趣味性强，采用绘本故事视频讲解的方式，图文并茂，生动地阐明如何运用科学有效的七种方法来替代简单粗暴的惩罚，这样的讲授方式启发引导性强，容易被学习者接受，有利于提升学习者的学习积极性与主动性。制作者主要运用手绘漫画配音的形式来展示故事，建议制作者可以结合当地文化，创新地运用皮影戏、立体玩偶、角色扮演等更具有动态形象的方式来展现故事。录像或者录屏时需要绝对安静的环境，否则会有很多杂音，降低作品的质量。制作者采用会声会影软件编辑录制好的视频，插入字幕、背景音乐、制作特效等，使成品具有丰富的内容，可看性更强。

**心理微讲堂案例二：孩子沉迷电子产品，怎么办？**

【授课对象】

小学生家长。

【授课形式】

教学视频。

【授课时长】

10分钟。

【所需工具】

录像机、电脑、视频剪辑软件。

【授课背景】

在电子产品不断普及、功能逐渐完善、为人们带来各种便利的同时，也有越来越多的人对电子产品产生依赖。电子产品功能新颖繁多，并且小巧便携，能够满足人们生活娱乐的多种需要。孩子们一旦沉迷电子产品，会影响到孩子自身的成长，所以特别需要家长去关注。

【授课内容】

分析孩子沉迷电子产品的原因，介绍引导孩子适度地使用电子产品的方法。

【授课目标】

教会家长正确引导孩子适度使用电子产品的方法。

【台本】

老师：大家好！欢迎来到家教微讲堂。欢迎来到现场的两位家长。

（转场，切换至家长1、家长2）

家长1：老师您好，我家孩子喜欢在iPad上玩游戏，怎么能让他节制一点呢？往往我刚喊他放下iPad，一转眼他又开始玩了，不让他玩就发脾气。最近因为沉迷网络游戏，他整个人都变得情绪暴躁。

家长2：老师您好。我家孩子喜欢玩手机游戏，一玩就是几个小时。我担心会影响他的学习成绩，还怕他眼睛近视。他们班有很多同学都已经戴上了近视眼镜。我们真是急坏了，请问有什么好办法吗？

（转场，切换至老师）

老师：我能感受到你们内心的焦虑，我也希望能够帮助你们。今天就和大家聊一聊孩子沉迷电子产品时家长该怎么办这个话题。

（转场，切换至授课画面）

老师：在电子产品不断普及、功能逐渐完善、为人们带来各种便利的同时，也有越来越多的人沉迷电子产品。有心理学家认为，人类有4种基本本能：一是寻求新经验、好奇的本能；二是寻求安全、畏惧的本能；三是寻求反应（爱情、友谊等）的本能；四是寻求赞扬的本能。凡是能够满足这些本能的事物都具备让人成瘾的条件。而电子产品本身恰恰能够满足人们的这些需要。孩子们一旦沉迷电子产品，会影响到自身的成长，所以特别需要我们去关注。

（一）孩子为什么沉迷电子产品

1. 孩子没有获得足够的陪伴

老师：这种陪伴并不是指时间上的陪伴，而是心灵上的陪伴。现在独生子女居多，多数是一个人玩。若父母极少陪伴孩子玩乐，很少与孩子共同分享快乐与烦恼，就很容易导致孩子心灵上产生孤独感。从孩子口中我们经常可以听到"好无聊""没人陪我玩"等话语，于是他们便通过其他事物来获得心灵补偿。零食、电视、网络便成了他们最好的"陪伴者"。

对于这种情况，我们可以利用业余时间多和孩子谈心，了解孩子的所见所闻，了解他的需求。多倾听孩子的心声，疏导孩子的情绪，亲子沟通不求时间多长但求有效。

2. 家长把手机当成"电子保姆"

老师：有的父母在忙手上的活儿，没空搭理孩子，就把手机塞给孩子让他自己玩，这样父母就可以安心地做自己的事。对于父母如果要做事，没有时间陪孩子这种情况，在孩子央求陪伴的时候父母就应该和他说明情况，并告诉他可以做些自己感兴趣的事，抑或来做小帮手，从而让孩子学会理解他人、体贴他人。这也是一种相互陪伴的需求。

3. 孩子缺乏自控能力

老师：玩自己感兴趣的东西时，成年人都很难自控，何况一个孩子呢？父母在他们玩得不亦乐乎的时候喊停，对他们来说是非常痛苦的。父母可以与孩子约定时间，如玩 10 分钟还是 15 分钟，在规定时间内结束有何奖励等。最后不忘加一句"相信你能做到"以激励孩子。孩子若能够在约定的时间内放下手机，那么父母一定要兑现承诺。如果他没有做到，也不必责备，直接让孩子把手机放回去即可。父母严格用亲子约定的方式来帮助孩子增强时间观念，可以教会孩子如何掌握时间，学习用时间约束调整自己的行动。

4. 缺乏有秩序的作息安排

老师：孩子在放学后到上床睡觉这段时间，没有合理安排好作息时间，加上家庭成员各做各的事，很容易产生看电视或玩游戏的念头。最好的办法就是制订作息表，每个环节动静交替，紧凑进行，学习玩乐休息都不误。此外还要注意，作息表不只是针对孩子本人的，每个家庭成员都应该严格按照要求去执行，通过相互提醒、督促、评价来增强每个人的时间观念。规定在什么时间做什么事，这样一来孩子也不会总想着玩手机。

（转场，切换至动漫视频）

（二）如何引导孩子适度使用电子产品

1. 让孩子意识到沉迷电子产品的危害

老师：对于任何一个人来说，不是自己认可的行为，都是无法获得积极效果的。要改变沉迷电子产品的现状，必须让孩子认识到它带来的危害，并产生想要改变的愿望。家长要通过沟通，摆事实讲道理，和孩子达成共识。不要情绪过激，也不要危言耸听，否则很容易引发孩子的逆反心理，造成反效果。

2. 约法三章，坚决执行

老师：孩子毕竟是孩子，自觉性和自控力都无法和成人相比。因此，在戒除电子产品成瘾的过程中，家长的帮助是不可缺少的。家长要和孩子约法三章，如什么时候可以用手机，什么时候不行，如果孩子违反规定应该受到什么惩罚，做好了又有什么奖励等。赏罚一定要分明，执行要坚定。

3. 家长陪伴，转移注意力

老师：家长有责任帮助孩子发现和培养各种积极健康的兴趣爱好，尤其要鼓励孩子参加一些可以和同龄人进行良性互动的团体活动，这是最有效的途径。孩子沉迷电子产品时，父母可以转移孩子的注意力，比如用玩具吸引孩子，跟孩子来一场家庭游戏，给孩子讲有趣的故事，跟孩子一起画画，或者带孩子外出去散步、逛公园等，都是不错的注意力转移法。

4. 父母以身作则

老师：孩子一开始并不知道手机、平板电脑是什么，因为父母总在一旁玩儿，所以好奇的孩子也想看看吸引父母注意力的东西是什么，然后他们便学着父母的样子这里划一划，那里按一按，渐渐被里面新奇的内容所吸引。每当父母在使用电子产品时，孩子也要玩的意愿往往会更加强烈。所以，想要孩子少玩电子产品，父母的榜样作用尤为重要。因此，下班回家后，家长们请将手机、平板电脑等放一边，好好地陪伴孩子游戏和玩耍，这是让孩子不沉迷电子产品的最佳办法。

（转场，切换至家长1、家长2）

家长1：谢谢老师，我明白了，我们的陪伴对孩子真的很重要，以后我们要常常带她出去走走。

家长2：谢谢老师。我懂得了要和孩子心平气和谈一谈，约定好时间，尽量引导他在娱乐中学习，同时我们家长也要以身作则。

（转场，切换至老师）

老师：教育孩子是以相互尊重和信任为前提的，让我们从现在开始为孩子营造爱的氛围，并以身作则，培养孩子适度使用电子产品的习惯，让孩子健康快乐成长。

【点评】

该作品选题新颖，围绕"孩子沉迷电子产品"的问题进行针对性设计，内容的组织与编排主线清晰、重点突出，让学习者循序渐进地了解孩子沉迷电子产品的现象、原因以及相应对策，对家长的家庭教育有较好的指导意义。作品时长适宜、画质清晰、语言富有感染力，能围绕"孩子沉迷电子产品"这一主题进行设计。构思新颖，讲座方式富有创意，不拘泥于传统的讲座模式。动漫视频的加入，使微讲堂更加生动有趣。在如何引导孩子适度使用电子产品方面，课程呈现的画面还可以更加生动和丰富，利用色彩、图片等刺激，给学习者留下深刻的印象。

**心理微讲堂案例三：青春期亲子冲突巧化解**

【授课对象】

进入青春期孩子的家长。

【授课形式】

教学视频。

【授课时长】

10分钟。

【所需工具】

录像机、电脑、视频剪辑软件。

【授课背景】

一些家长受传统思想或知识水平等诸多因素限制，对正处于身体第二性征发育阶段的孩子感到手足无措。这是因为家长没有认识到此时孩子个体的心理任务主要是接纳和适应身体出现的变化，从而导致出现亲子冲突。

【授课内容】

让家长懂得如何帮助孩子了解身体的变化、认识成长发育是每个人的必经阶段。

【授课目标】

解决由孩子青春期身心变化所带来的家庭亲子矛盾。

【台本】

老师：大家好，欢迎来到青春期微讲堂。昨晚我接到一位妈妈的电话，她向我抱怨她六年级的女儿不听管教。今天我们就来聊一聊爸爸妈妈如何帮助女孩子应对青春期。青春期是孩子成长的关键时期，是一个人从稚气未脱的孩子发育成成年人的重要过渡时期。这段时间里，孩子的身体会发生变化，这会引起心理变化，而心理变化又会导致孩子的行为有所改变。

（转场，切换至玲玲和妈妈）

玲玲（穿起厚外套）：妈，我去学校了。

妈妈：这么热的天，穿这么多会中暑的，快脱下来吧！

玲玲：我不热！

妈妈：我只穿一件短袖上衣都出汗了，你怎么可能不热呢？穿这么多去学校，要被同学笑话的。

玲玲（背起书包走）：……

妈妈：这孩子，怎么越大越不听话了。

（转场，切换至老师）

老师：显然，这位妈妈此时的心情不太好，那么爸爸妈妈面对这样的情况，可以怎样解决呢？当女生10岁左右的时候，爸爸妈妈应该意识到孩子要进入青春期了，她现在异常的行为是不是和这个有关系呢？那么，细心的家长就会发现，玲玲正经历青春初期的变化——乳房发育。孩子是因为害怕别人发现自己的身体发生了变化才会这样。如果妈妈只是想到天气热应该少穿一点，孩子是不会理会妈妈所说的话的。遇到这种情况妈妈们可以这样应对。首先，可以阅读相关书籍，了解孩子青春期各年龄段会有哪些变化。其次，明确告诉孩子妈妈能理解，因为妈妈也曾经经历过这些，但是后来妈妈知道了，这是长大的标志，是女孩子身体健康发育的正常表现，我们应当坦然接受。现在，妈妈为你的成长而感到高兴。最后，可以告诉孩子应对的方法：可以穿上合适的小背心，这样既能保护自己的身体，也文明美观。用这样的方式让孩子能够理解和接纳自己身体的变化，同时有办法面对目前所遇到的问题，这才是正确的青春期教育。要不要让这位妈妈和玲玲一起做个示范呢？我们一起来看看吧。

（转场，切换至玲玲和妈妈）

玲玲（穿起厚外套）：妈，我去学校了。

妈妈（扶着玲玲肩膀让她坐下）：宝贝，其实你穿这么多，也会觉得很热，对吗？

玲玲（点头）：……

妈妈：姑娘，你这么穿，是因为觉得不好意思吗？你是不是注意到了自己身体发生了变化了呢？

玲玲（点头）：……

妈妈：别担心，女孩子的乳房发育是正常现象，这是每一个女生都会经历的。

玲玲（疑惑）：是真的吗？

妈妈：那当然啦！妈妈能理解你现在的心情。因为妈妈也经历了这样的变化。这是我们身体健康发育的正常表现，我们应当坦然地去面对和接受它。妈妈还要恭喜你，你长大了！

（玲玲舒缓了紧张，露出了笑容）

妈妈：嘿，女儿长大了。来，这是妈妈送给你的小背心，穿上它，既能保护自己的身体，又显得文明和美观。

玲玲：谢谢妈妈。

（玲玲接过背心，回到房间换好衣服后，高兴地和妈妈说再见，转身去学校）

（转场，切换至老师）

老师：太好了，刚才玲玲妈妈的表现非常精彩。希望爸爸妈妈们能细心观察孩子，帮助孩子解决青春期身体变化所带来的烦恼，缓解她们对青春期的焦虑，帮助孩子们健康快乐地度过青春期！

**【点评】**

该作品选题针对性强，围绕家庭教育中孩子青春期的一个具体事件，通过前后用不同方式处理事件的场景演示，形成有效对比，突显教育效果。可操作性强，家长能够马上习得和孩子沟通、化解矛盾的方法，有效缓解亲子之间紧张的关系。作品设计合理，通过情境创设展示如何运用方法化解矛盾，形象直观，让家长更容易接受。作品设计思路清晰，过渡自然，语言通俗易懂，易于掌握，具有较强的指导意义。

**心理微讲堂案例四：如何有效地鼓励孩子**

**【授课对象】**

七年级学生家长。

**【授课形式】**

教学视频。

**【授课时长】**

10分钟。

**【所需工具】**

电脑、录音笔、视频剪辑软件。

【授课背景】

在日常的亲子沟通中，父母可能会不自觉地将关注的重点放在孩子的缺点上，会不断地提出要求、指出问题。这样会让孩子产生持续的挫败感，让孩子陷入深深的沮丧之中，从而影响孩子的心灵成长，导致亲子冲突。

【授课内容】

呈现家长在鼓励孩子时的一些误区，介绍有效鼓励的四个方法。

【授课目标】

澄清并识别现实生活中常见的鼓励误区，掌握有效鼓励的具体方法和技巧，引导父母在养育孩子的过程中以有效鼓励给予孩子更多的自信、希望。

【台本】

老师：亲爱的各位家长，大家好！欢迎来到这期的家教微讲堂。

在此之前，我想先跟各位爸爸妈妈分享一段话："这世界上几乎所有的爱都以聚合为目的，但是有一种爱以离散为目的，那就是——我爱你，我要你走得更远，飞得更高！"是的，这也就是今天我们聚合在一起的理由：我们非常殷切地期盼我们的孩子能更好地成长。

你期望孩子成为什么样的人呢？在回答这个问题之前，我们先来思考一下：植物的成长需要什么？或许你会说，需要阳光、雨露、土壤、施肥、修剪等。那孩子健康成长又需要什么呢？或许你会说，需要爱、尊重、好的环境等。通过这两个问题，你有什么发现吗？心理学家鲁道夫·德雷克斯曾说道："孩子们需要鼓励，正如植物需要水。没有鼓励，他们就无法生存。"是的，或许我们都忽略了一点，那就是植物的成长首先需要的是水，而孩子们在成长的过程中需要鼓励。你会发现，鼓励对于孩子们来说特别重要！

这也就是本期家教微讲堂的主题词——鼓励。那接下来我们一起学习如何有效地鼓励孩子。（呈现课题）

在养育孩子的过程中，我们不但要有一颗鼓励孩子的心，更要懂得如何去鼓励孩子。然而，要做到有效的鼓励并不容易。为什么呢？因为我们常常会掉进一些"鼓励的陷阱"，而这些所谓的"鼓励"往往会适得其反。接下来我们一起看一看有哪些鼓励的陷阱。

1. 鼓励孩子的陷阱

（1）说教：威慑孩子。

你喜欢听别人的说教吗？想必你不会喜欢。而你不喜欢的，你的孩子就更不会喜欢。你反复叨念那些至理箴言，很容易让孩子感到不耐烦。大道理难以触动心灵。其实孩子根本没有听进去，不是吗？

（2）"贿赂"：利诱孩子。

我们常常看见家长使用这样的糖衣炮弹："如果你认真完成作业，待会儿就可以玩半个小时的游戏。""如果你期末考试成绩得A，妈妈就给你奖励。"这种方法本身没有错，只是许多家长在鼓励孩子时只用物质进行奖励，这是"贿赂"孩子的典型模式。孩子不是在被鼓励，而是在被利诱。他们被剥夺了价值感和责任感。

（3）赞扬：欺骗孩子。

我们先来看看这两句话：①宝贝，这次考试考得真棒，你真是爸爸妈妈的好孩子。②宝贝，我知道你尽力了，你对现在的成绩感觉如何？如果你是孩子，你会更喜欢哪一句话呢？

是的，你也许会更喜欢第二种鼓励的方式，因为这样的鼓励关注的是孩子在努力和改进的过程，关注的是他们的自我评价与感受。这样的鼓励能教给孩子内在的自信与自立。第一句赞扬关注的是完美的结果，让孩子对他人外在的评价产生依赖。你可能会看见孩子得到赞扬时满脸的光彩，然而长期以结果和外在评价作为赞扬孩子的标准可能会让孩子变成讨好者和总是寻求别人认可的人。

所以各位家长们，你们平时是赞扬孩子更多，还是鼓励孩子更多呢？我们究竟是从哪里得到这么一个荒诞的观念，认定打压和指责能让孩子做得更好？鼓励是孩子成长的养分，它能保护孩子内心深处"做一个好孩子"的天性，帮助孩子找到方向和目标。我们不仅要在孩子成功的时候给予鼓励，更要在他们失败和遇到挫折的时候给予鼓励。那么我们该如何跳出这个"鼓励的陷阱"，做到更有效地鼓励呢？

下面，我将跟大家分享四个有效鼓励的方法。

2. 如何有效地鼓励孩子

（1）启发式鼓励。

我们常常在告诉孩子要他怎么做。然而这是一种让孩子顺从我们意愿的对话。而启发式鼓励强调我们和孩子一起思考、寻求解决问题或改善的方法的过程。

首先我们要问孩子现在的感受，接着问孩子完成的过程与方法，最后问孩子下一步行动。举个例子：当你的孩子数学考了100分，兴高采烈地回到家，你会怎样用启发式鼓励来激励他呢？我们可以这样鼓励他：①宝贝，你数学成绩考得真不错，现在感觉如何？（这时我们主要问孩子的感受，让孩子体会获得成功的感觉）②你是怎么做到的？（这是给孩子展现自我价值的机会，引导孩子总结正确的做法，你会惊喜地发现孩子会跟你分享他努力的过程）③你可以用哪些方法让你的英语成绩也跟着进步呢？（引导孩子出说愿景，鼓励他做出下一步行动）因此，多用"你感觉怎么样""你是怎么做到的""你下一步打算怎么做"这样的提问方式来鼓励孩子，会让孩子们不断发展独立思考的能力。

（2）描述式鼓励。

首先描述客观事实，然后将自己的感受直接告诉孩子。我们可以用这样的句式："我注意到了……（具体行为）""我感到……（感受）"等。比如：当孩子主动拖地做家务时，你会怎样去鼓励他呢？我们可以这样说："宝贝，我注意到你主动把我们家的地板拖得干干净净，妈妈感到很开心。"告诉孩子这样做的良好结果，引导他继续这样做。当孩子把自己的房间搞得很乱时，你也可以这样鼓励他："我注意到你的房间非常乱，妈妈感到很难过。"告诉孩子这样做别人不会喜欢，但又不会伤害孩子的自尊。

（3）感谢式鼓励。

先描述客观事实，然后直接向孩子表达感谢。可以用"谢谢你,因为……"这样的句式向孩子表达感谢，让孩子知道自己有多么独特。譬如，孩子今天很快地在规定的时间完成了作业，你可以这样鼓励他："宝贝，你今天在规定的时间完成作业，谢谢你，因为你执行了我们的约定。"当孩子遵守了你们的约定时，你应当表示感谢，但感谢的是他执行了约定而不是感谢他完成了作业，这样才能给孩子正面的回应。

（4）授权式鼓励。

指的是向孩子授权，给予孩子有效的选择权。交给孩子部分权利与自由能培养他的自律和自觉。可以对孩子说："需要我提醒你呢，还是你自己提醒自己呢？你来决定！"孩子参加比赛时，你可以这样说："宝贝，妈妈相信你一定能做得最好。"这样做可以给孩子信心。孩子在做选择时，你也可以这样说："妈妈相信你的判断。"这样会给孩子勇气。

让我们回顾一下，有效鼓励的四个方法：（1）启发式鼓励。（2）描述式鼓励。（3）感谢式鼓励。（4）授权式鼓励。也许走在自我改变的道路上，我们可能会遇到许多挑战，但是每一个挑战都是一个学习的好机会。今天的学习是我们送给孩子和自己的一份成长礼物。以上是今天我跟大家分享的有效鼓励孩子的方法，你学会了吗？你还可以想出其他哪些方式来鼓励孩子呢？

**【点评】**

该作品紧扣主题，讨论家长如何鼓励孩子的话题，引发家长的共鸣。结构安排合理，在抛出问题之前，让家长清晰地了解自己的鼓励之所以得不到期待的结果的原因，激起家长学习科学有效鼓励孩子的方法的兴趣。重点突出地讲述了有效鼓励的方法，指导性强。讲座深入浅出，通过大量的实例将心理学理论知识清晰地呈现出来，有利于提升学习者的学习积极主动性。视频画质清晰、图像稳定，语音字正腔圆，背景音乐灵动，给人美妙而丰富的感官享受。

**心理微讲堂案例五：帮助孩子面对他们的感受**

**【授课对象】**

学生家长。

**【授课形式】**

教学视频。

**【授课时长】**

16分钟。

**【所需工具】**

录像机、电脑、视频剪辑软件。

**【授课背景】**

家长由于工作繁忙，和孩子在一起的时间少了，和孩子的沟通也相对减少了。面对青春期的孩子，家长们在和孩子进行沟通，试图理解他们内心的想法时经常碰壁，常常感到不知所措。同时，孩子因得不到家长的理解会出现各种心理问题。家庭具有一定的情感交往功能，家庭成员能够从家庭中得到情感满足，建立起伙伴关系。因此，亲子间的沟通十分重要，也是家长很关注的话题。

【授课内容】

针对日常生活中常见的亲子沟通问题给出具体的解决办法：首先让家长意识到，要想更好地与孩子沟通就得正视和接纳孩子的感受，孩子有了好的感受自然就会有好的行为。

【授课目标】

让家长认识在面对孩子的感受时哪些回应方式是不利的。让家长学会如何帮助孩子面对他们的感受，促进亲子间有效沟通，增进亲子关系。

【台本】

老师：大家好，今天我们微讲堂的主题是帮助孩子面对他们的感受。

常常听到家长抱怨，孩子越大越不懂事，家长说什么也不听。尽管家长辛辛苦苦为他着想，他却不领情，家里也常常因孩子的问题闹得鸡犬不宁。如果我们家长学会理解孩子，接受他们的感受，帮助孩子正确面对他们的感受，相信孩子会因为有了好的感受进而产生好的行为。如此一来，家长就不用为与孩子相处的问题担心。然而，我们遇到的最常见的问题却是：父母常常不认同孩子的感受。家长常常对孩子说"你没必要这么难过。这有什么大不了的""哭有什么用，又不能解决问题"等。我们发现，当孩子的感受不断地被否定时，他们会感到更加困惑和愤怒。其实，这是在暗示孩子不要去了解自己的感受，不要相信自己的感受。仔细想想，我们在日常生活中是不是犯过无数次这样的错误呢？接下来我们就给大家说一说如何帮助孩子面对他们的感受。

（切换至PPT，创设日常生活对话）

首先我们来看一组日常生活对话，一早起床一个孩子对她的妈妈说："妈妈，我头痛。"听到孩子这么说，你会怎么回答？我们来看看是不是这样的。

妈妈：怎么回事？为什么突然头痛呢？

孩子：昨天下午有点不舒服，今天一早就开始痛。

妈妈：昨天下午到现在你都不舒服，这让你很难受。

孩子：嗯，我想可能这和昨晚洗头有关。

妈妈：你看看，我告诉过你不要用冷水洗头，这样对身体不好。洗完还对着电风扇吹，这样很容易感冒头痛的。又不是第一次讲你，你就是不听！

孩子：我没有！

妈妈：真没有？我不信！

孩子：我没用电风扇吹头发。

妈妈：那就好。你现在去睡一会儿吧，这样可能会舒服点。以后要注意。

孩子：算了，我去学校了！

（切换至老师）

老师：大伙看看，这样的事情是不是时常发生！通常当我们面对孩子的诉说时，给他的回应可能会是不断提问表达关心，或者能共情、理解他的感受，或者对他讲一大堆道理，还带着责备之意，甚至不相信他们的话，或者直接告诉他们应该怎么做。这些就是我们习惯于给予孩子的回应方式。

现在我们来设想一下，假如你遇到不舒心的事，你把它告诉了你信任的人，你最期望得到什么回应？如果别人用以上这些方式回应你，你最不喜欢哪一种方式？你最喜欢的是哪一种方式？很明显，当我们很难过的时候，我们不喜欢被不断地提问，被责备，或是听大道理。同时也不喜欢被怀疑，也不愿意按别人说的去做。而最愿意、最期待得到的回应可能就是共情和理解。也就是说，其实当我们心里不舒服的时候，我们真正需要的是一个愿意倾听我们的心声，认同我们内心伤痛，给我们机会去倾诉的人。这样我们就不会觉得那么郁闷和困惑，也能更好地处理好自己的情绪和问题。

（切换至PPT，呈现有帮助的做法）

这就意味着，想要帮助孩子面对他们的感受，父母要先接受孩子的感受。最有帮助的做法就是站在孩子的立场，理解他们，而不是忽略孩子的感受。如果我们能倾听孩子，去理解他们的感受，这既能有助于孩子积极解决问题，又能促进亲子关系的和谐。

（切换至老师）

老师：站在孩子的立场理解和接受孩子的感受，确实非常有道理。当孩子有负面情绪的时候，如果他们的感受没有被我们接纳和理解，孩子就会做出一些不好的行为。当孩子向爸爸表达想法时，却发现爸爸并没有尊重她的想法，那么她对爸爸的命令也是会爱理不理的。这样一来，爸爸觉得她不听话，火气就大了，便大声呵斥她，结果反而让她产生逆反心理。即使孩子按要求做了，也是一副不情愿的样子，甚至有时会生气地做到一半就跑掉。这时孩子的感受是爸爸不理解她、不尊重她。（例子呈现感受被忽略的结果）

（切换至PPT，呈现四种做法）

如何才能理解孩子的感受，帮助孩子面对他们的感受呢？我们可以尝试以下四种方法：（1）专心倾听。（2）简单回应。（3）说出感受。（4）幻想实现。

在日常生活中怎么运用呢？我们列举四个事件，用漫画形式把我们过去的常用方法和新方法做比较，给大家一一呈现这四种技巧的使用。

（1）事件一：孩子和朋友打架后感到很生气。

（切换至漫画，呈现常用方式处理事件一的过程，见图2-1）

图 2-1

孩子和朋友打架了觉得很生气，向他爸爸妈妈倾诉，却发现爸爸妈妈并没有用心听。很多时候我们并没有意识到，在跟孩子交谈的时候，我们经常心不在焉。有时我们根本不接孩子的话，直接忽略孩子的感受，有时会急于向孩子提要求，这都会让孩子感到气馁、失落、难过。

（漫画呈现用新方法处理事件一的过程，见图2-2）

图 2-2

在新方法中，当孩子对爸爸妈妈说话的时候，爸爸妈妈转过身来看着孩子，态度关切，专注倾听孩子的倾诉，孩子就能容易地表达他们面临的困境。有时候，我们甚至什么都不用说，孩子自己就能找到解决的方法。我们要相信孩子有能力自己去解决问题，所以我们不需要告诉他方法，而是与他们产生共情。所以在孩子和我们说他们的感受的时候，我们需要做到专心倾听。

（2）事件二：孩子的新铅笔丢了。

（漫画呈现常用方式处理事件二的过程，见图2-3）

图 2-3

孩子告诉妈妈自己的新铅笔丢了。她得到的回应却是妈妈不断地提问和责怪，她的感受完全被忽略了。其实当孩子做错事情后，在面对父母的批评和提问时，很难有清晰的思路想问题。

（漫画呈现用新方法处理事件二的过程，见图2-4）

图2-4

在新方法中，妈妈给孩子的仅仅是简单的回应，孩子自己就找到问题的解决方法。成人有时很难控制自己说教的欲望，常常不等他人诉说完就给出建议。这里特别提醒我们的家长，面对孩子时，我们一定要克制住自己说教的欲望，因为孩子需要更多的时间去思考和整理自己的思路。当你用"哦""嗯""这样啊"等话语简单回应孩子的时候，孩子就可以在叙述的过程中整理自己的思路，从而自己找到答案。

（3）事件三：孩子养的宠物死了。

（漫画呈现常用方式处理事件三的过程，见图2-5）

图2-5

孩子养的宠物死了，很伤心。爸爸不断安慰却不起作用。通常家长原本想安慰孩子，可是奇怪的是，不管家长的态度多好，孩子也只会越难过，因为孩子的感受被完全忽略、否定了。否定孩子的感受是亲子沟通中普遍存在的突出问题。

（漫画呈现用新方法处理事件三的过程，见图2-6）

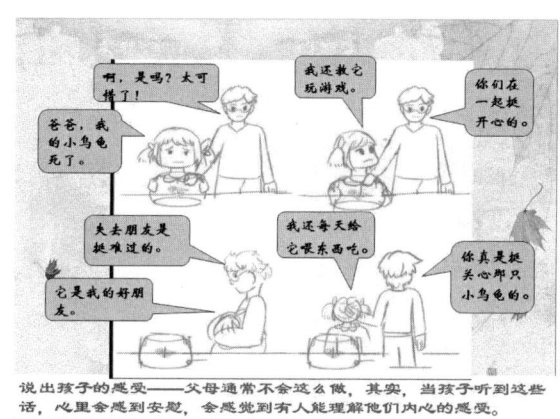

图 2-6

在新方法中，爸爸说出了孩子的感受。父母通常不会直接说出孩子的感受，因为担心会让孩子更难过。其实恰好相反，当孩子听到这些话，心里会感到安慰，因为有人能理解他们内心的感受，他们便会坦然地接受现实。所以说出孩子的感受，不要担心孩子会更难过，这其实是在帮助孩子识别、表达感受。

（4）事件四：家里没有孩子想吃的零食。

（漫画呈现常用方式处理事件四的过程，见图2-7）

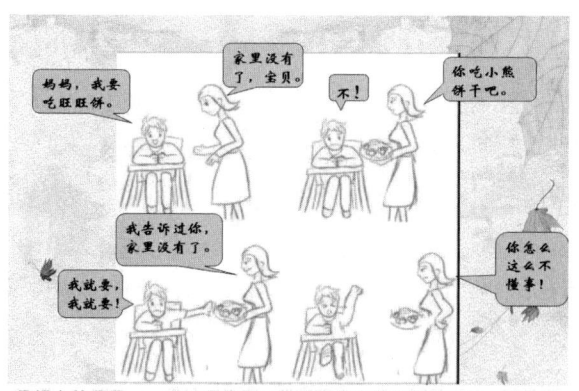

图 2-7

当孩子想要一样我们没有的东西的时候，我们就会给孩子解释为什么没有，但结果通常是我们越解释，孩子越不听。

（漫画呈现用新方法处理事件四的过程，见图2-8）

图 2-8

在孩子说出他们的愿望后先别急着否定它，而是说"听得出你很想吃"。接着可以说"我真希望能给你变出一盒"。这样就可以幻想的形式"实现"孩子的愿望。有时候，孩子对某种东西的渴望心情一旦得到理解，他们就能比较容易接受现实。

好，那我们来回忆一下我们学了哪四种方法。

（PPT呈现四种处理事件的方法）

四种方法：（1）专心倾听。（2）简单回应。（3）说出感受。（4）幻想实现。

（切换至老师）

老师：大家有没有发现，帮助孩子面对自己的感受其实就是父母表达他们的理解的过程，只要父母专心地倾听孩子，让孩子认识到他是被在乎的。同时给予孩子反应，让孩子知道他是被关注的。再者表达出对孩子现在的情绪的理解，让孩子知道他和爸爸妈妈是心有灵犀的。这一切正好证明了"爸爸妈妈是爱我的"。有了好的感受，孩子怎么会不好好表现让爸爸妈妈知道他也是爱着他们的呢？这四种方法看似简单，却很有效果，它们能帮助孩子和家长自己摆脱控制和反控制的尴尬与苦恼，它们能建构起我们和孩子之间的有效沟通，促进亲子关系的和谐。

最后，在学习和运用这四种方法的过程中，我们强调，比语言的技巧更关键的是我们的态度。如果我们没有真正和孩子产生共情，无论我们说什么，在孩子眼里那些都不够真诚，甚至会认为这是对他们进行控制。只有我们真正与孩子共情，才会打动孩子的内心。在这四个方法中，最难的恐怕是说出孩子的感受。我们做个练习具体运用一下这个技巧。

（切换至PPT，呈现练习情境）

练习：说出孩子的感受。

1.孩子说："因为下了小雨，学校就取消了春游，真讨厌。"这时候孩子的感受是怎样的？是失望。那我们如何说出孩子的感受呢？你可以说"这件事让你很失望"。

2.孩子说："文文转到另一个学校去了，她是我的好朋友。"这时候孩子的感受是难过，你可以说"好朋友离开是很让人难过的"。

3.孩子说："今天老师布置的作业太多了！"这时候孩子的感受是心烦，你可以说"作业多让你很心烦"。

（切换至老师）

老师：通过练习我们会发现，看似简单的技巧，运用在实际的生活中也并非易事。我们需要不断地演练，用心地运用，才能看到孩子的内心，从孩子的叙述中确定他们的感受。一旦孩子知道他们正在经历什么样的感受，便能开始帮助自己。

最后，用一句话来结束我们的主题微讲堂：孩子有好的感受，才会有好的行为。谢谢！

【点评】

该作品选题简明、设计合理，围绕家庭教育中"孩子的感受被忽略"这一现实问题开展讲授。内容设计科学、严谨，符合个体心理发展阶段规律。内容讲授过程主线清晰、重点突出，逻辑性强、明了易懂。作品结构完整，技术规范。讲解过程中采用漫画的形式，并将现实生活中家长常使用的教育方式与所要教授的新观念、新教育方式进行对比，形象地描述四个方法的运用。该作品具有针对性、趣味性和很好的指导性。

## 心理微讲堂案例六：亲子沟通四部曲

**【授课对象】**

初中学生家长。

**【授课形式】**

教学视频。

**【授课时长】**

20分钟。

**【所需工具】**

录像机、电脑、视频剪辑软件。

**【授课背景】**

孩子进入青春期后，出现了反抗性和依赖性并存，同时也存在闭锁性和开放性并存等心理特点。很多家长由于对孩子青春期心理特点的变化缺乏了解，也不懂得针对这些变化调整与孩子沟通的方式，导致亲子沟通容易出现问题甚至矛盾。

**【授课内容】**

介绍亲子沟通的四个步骤：第一步是了解，包括了解青春期孩子的心理特点、需求和孩子感兴趣的东西。第二步是与孩子平等相处，学会变命令为商量，以及学会变"你信息"为"我信息"。第三步是理解。第四步是鼓励。

**【授课目标】**

让家长了解青春期孩子的心理特点，理解亲子沟通的精髓，掌握亲子沟通的技巧，让亲子沟通变得更和谐顺畅。

**【台本】**

老师：各位家长，大家好！非常高兴今天能与大家就亲子沟通的问题进行交流。进入初中之后，很多家长会感觉跟孩子之间出现了这样或那样的情况。首先，我们来看影片《小孩不笨2》的一个片段。

（转场，切换至电影《小孩不笨2》节选片段）

杰瑞（旁白）：大人经常以为和我们说很多话就是沟通了，其实他们都是在自己讲，自娱自乐罢了。而我们通常都是假装在听，然后"左耳进，右耳出"。我们到底有没有听进去，他们不管，只要他们能讲就可以了。

汤姆妈妈：知道吗？

汤姆奶奶：别走开，听我讲！

杰瑞（旁白）：你看奶奶讲得多畅快。我看我们要被她的口水"淹"死，她们都不知道为什么。唉……大人说那么多话，为什么就不明白那些话不会被听进去的道理呢？有时候我们真想把话说清楚一点。

汤姆妈妈：你看你还顶嘴？你有很多话要说吗？妈妈教你是为了你好。我们用心良苦，是不想你走冤枉路。

成才爸爸：刚才我说了那么多。你为什么不说话？

汤姆妈妈：你明白吗？

成才爸爸：你为什么不说话？

杰瑞（旁白）：对呀，说什么都会被骂，所以我们慢慢地就不想说话了。

（转场，切换至老师）

老师：我想，影片中的情景让很多家长都深有体会。孩子进入初中后，家长往往有这样的困惑："从幼儿园到小学，孩子都很听我的话，为何进了初中就不听话了？怎么变得我都不认识了呢？"还有的家长说："感觉孩子就像一个烫手的山芋，让我不知所措，怎么做也不是。"青春期亲子沟通已经成为令很多家长头痛的问题，如果处理不好，还可能引起孩子的问题行为。那么，怎样才能与青春期的孩子进行良好沟通呢？今天，我想与大家分享亲子沟通的四个步骤：第一步是了解，第二步是与孩子平等相处，第三步是理解，第四步是鼓励。

（一）了解

了解包括两个方面，既要了解青春期孩子的心理特点和需求，又要了解孩子感兴趣的东西。

1. 了解青春期孩子的心理特点和需求

（1）反抗性和依赖性并存。

由于青春期的孩子产生了强烈的独立意识，他们开始有一些"叛逆"的行为，不愿听取家长的意见。但是，其实孩子并没有完全摆脱对父母的心理依赖，只是依赖的方式开始从生活上转到精神上。他们希望能够得到父母的理解、支持和保护。

（2）闭锁性和开放性并存。

进入青春期的孩子渐渐地将内心封闭起来，开始减少与父母的沟通，甚至闭口不语。其实，他们非常希望有人来关心和理解他们的内心世界。一旦找到朋友，他们就会推心置腹，毫无保留。所以很多孩子会觉得同龄的朋友比父母更能理解自己，会更愿意与朋友分享自己的小秘密。

针对这两个主要的青春期心理特点，父母应该给予孩子一定的独立空间，还要多给孩子理解、认可和尊重。

2. 了解孩子感兴趣的东西

老师：我们来看看这位母亲怎么看待孩子感兴趣的东西。

（转场，切换至电影《小孩不笨2》节选片段）

汤姆妈妈：学谦，功课已经退步了，你还在写博客？写博客有什么用呢？做功课了！

（汤姆气冲冲地走出房间门口）

汤姆妈妈：你去哪里，学谦？你去哪里，学谦？

（转场，切换至老师）

老师：这位母亲看起来并没有深入了解孩子感兴趣的博客是怎样的，就否定博客，难怪孩子最后摔门而出。了解孩子感兴趣的东西，可以为良好的亲子沟通奠定基础。如果孩子喜欢看篮球，父母就不妨聊聊篮球比赛、NBA和国内的篮球明星；如果孩子喜欢某个明星，父母不妨上网查一查该明星最近出了什么专辑，演了什么电影电视剧等。父母可以试着花点时间了解一下孩子迷恋的漫画书、流行音乐等，不要轻易做道德评价，而要理解孩子的兴趣爱好和追求的合理性。

（二）与孩子平等相处

平等包括两个方面：首先，要学会变命令为商量；其次，要学会将"你信息"变为"我信息"。

1. 变命令为商量

青春期的孩子渴望被当成大人，所以父母要将孩子视为朋友，给予充分的平等与尊重。这一点体现在说话的语气上。父母常常习惯用命令的口气说话，比如使用"你应该……""你不能……"等句式。这样会让孩子感觉父母是自己的领导，自己只能服从，如此一来就容易产生冲突。换成商量的口气，沟通就会有效多了，比如"我建议你可以考虑……""我建议你……不然就……（如果不这么做的后果）"这样的句式，会让孩子感觉像朋友一样受到平等对待，感到被尊重，同时也能表达父母的关心之意，一举两得。让我们来做几个小练习。

练习一：读初中的儿子突然跑回来对你说他想要买双新球鞋。

命令的口气：原来的鞋子还能穿，不准买！

商量的口气：妈妈觉得太快"移情别恋"不好，建议你先把鞋子穿旧了再考虑买新鞋吧。

练习二：下午是女儿的钢琴课，可她却突然说今天不想去弹琴。

命令的口气：不行！一定要去！

商量的口气：是对弹琴厌烦了吗？为什么突然不想上钢琴课？建议你今天先上完课，我们再来想想办法好不好？

练习三：本来说好了寒假全家一起去杭州旅行，可临近出发时，孩子却说不想去杭州，想去海南。

命令的口气：不可以！已经决定好的事不可以改！

商量的口气：你要考虑这样的话，全家人都要因你而改变行程，更糟糕的是我们可能因票务紧张的原因而去不了海南，同时又浪费了去杭州的车票。我建议我们照计划旅行，下次再去海南，行吗？

2. 变"你信息"为"我信息"

"你信息"，一般以"你……"开头，是对孩子加以批判、猜想、评价、判断的信息。"你信息"通常含有责备的意味，让孩子感到被安排和被要求。"我信息"真实地表达自己的感觉与经验，不包括对他人的评价。"我信息"通常只表达自己的现状及需要，可以让孩子了解父母的心情和感觉。"我信息"的沟通模式很简单：第一步，使用"当……"的句式表达自己觉得困扰、不安的行为。必须注意的是，只能描述行为本身，而非指责做出行为的当事人。第二步，使用"我觉得……"的句式陈述自己对行为可能导致的后果的感受。第三步，使用"因为……"的句式陈述后果。我们试着来用"我信息"的模式进行沟通。比如，孩子回家晚了，父母通常用"你信息"的模式进行批评指责："你跑哪里去了？怎么那么晚才回来？"那用"我信息"的模式该怎么说呢？父母可以这么说："当没见到你回家时，我很担心，因为这么晚了又不知道你在哪里，我怕你出什么意外。"

下面让我们来做几个小练习。

练习一：全家原本已经计划好周末一起去郊游，但是最后儿子却决定和朋友去游泳。

"你信息"话语：你怎么能临时打乱计划呢？

"我信息"话语：本来我们已经计划好共度周末，而你却临时改变主意，我觉得很失望，因为我非常希望你能参加。

练习二：女儿是全家最后一个出门的，却忘了将大门锁上。

"你信息"话语：你记性怎么那么差？怎么可以忘了锁门呢？

"我信息"话语：当发现大门没锁时，我非常担心，因为小偷可能会进来大搬家。

（三）理解

老师：我们先通过一段影片片段看看这位母亲是否理解了他的儿子。

（转场，切换至电影《小孩不笨2》节选片段）

主持人：各位来宾，冠军得主是新加坡中学的杨学谦同学！

杰瑞（旁白）：这是我哥哥汤姆。哥哥最擅长写博客，可是你看妈妈的表情就知道她不是很欣赏哥哥的才华。

杰瑞：哥，没想到你这么厉害，还会写博客。

妈妈：厉害？写一些乱七八糟的博客就厉害？平时你写作文又不这么厉害？

杰瑞：上次华文作文哥拿了65分咧！

妈妈：65分很厉害吗？以前我在学校的作文至少都是85分，唐诗三百首你会几首？而且是中文杂志的编辑，你华文水准那么差，真的丢尽我的脸。

（转场，切换至老师）

老师：理解的关键是要学会换位思考，能够站在孩子的角度体会孩子的想法和感受。换位思考可以按照下面的步骤来进行尝试：

第一步：如果我是孩子，我需要的是……

第二步：如果我是孩子，我不希望的是……

第三步：我原来的做法是……这是否是孩子期望的方式？

第四步：我可以尝试的、实现孩子期望的方式是……

在上面的例子中，这位母亲第一步应该去了解孩子需要的是什么，即希望母亲能理解他写博客这个兴趣特长。第二步，要思考孩子不希望发生的事情是什么，即母亲因为成绩责骂他，并贬低他写博客的兴趣特长。第三步，反省自己的所作所为是否符合孩子的期待。很显然，这位母亲的做法不是孩子期望的方式。第四步，思考自己可以尝试的、满足孩子期望的方式是什么，即在肯定孩子写博客的兴趣的同时，试着帮助孩子运用写博客的技巧提高作文成绩。

## （四）鼓励

（转场，切换至老师）

老师：我也想问问父母们，你们最后一次鼓励孩子是什么时候呢？青春期的孩子非常希望能够得到他人的认可，所以父母应该多看到孩子的优点与进步。那么，怎样对孩子进行鼓励呢？可以依照四个步骤进行：第一，说结果；第二，说原因（具体细节）；第三，说内在人格特质；第四，说正面影响。

比如，孩子取得了好成绩。父母应该怎么鼓励呢？

第一步，说结果："我发现你这次考试进步了，做得真好！"

第二步，说原因（具体细节）："你不仅解题的思路开阔了，还变得细心了，真棒！"说得越具体，孩子下次更明白该怎么做，同时也知道自己哪些行为是受到称赞的。家长可以借此激励他再接再厉。

第三步，说内在人格特质："看得出来，你很努力，也很用心。"称赞的时候，父母要多谈人格特质。

第四步，说正面影响："爸爸妈妈为你的这份努力感到很高兴。"说正面影响时，需要强调孩子优秀的人格特质。如此一来，孩子就会知道，只要他努力，不论成绩如何，父母都会引以为傲。

这就是我们亲子沟通的四部曲。你学会了吗？希望能帮助各位家长与青春期的孩子进行良好沟通，收获一份和谐融洽的亲子关系。

【点评】

该作品选取十分贴近生活的亲子沟通的电影片段，形象生动，容易引起家长的共鸣，同时将影片片段穿插在亲子沟通方法讲解之间，让家长更容易理解亲子沟通的技巧。选用了大量实际生活中的简短案例，将亲子沟通方法讲解与练习结合起来，让家长在观看作品时能进行针对性的练习，更容易掌握相应的沟通方法和技巧。作品思路清晰，深入浅出地介绍亲子沟通方法，选用例子直观易懂，介绍的沟通方法和技巧可操作性强，具有较强的现实指导意义。

**心理微讲堂案例七：亲子沟通的智慧**

【授课对象】

家长。

【授课形式】

教学视频。

【授课时长】

10分钟。

【所需工具】

录像机、电脑、视频剪辑软件。

【授课背景】

在家庭中，父母与孩子之间发生冲突和分歧是在所难免的。然而，许多爸爸妈妈在教育孩子的过程中缺少智慧和技巧，不仅会导致原本的问题没有解决，而且还进一步加剧了亲子矛盾。

【授课内容】

通过模拟孩子日常犯错和无理取闹的典型场景，讲解如何利用沟通技巧中的三原则进行亲子有效沟通，帮助爸爸妈妈们了解孩子的需要，从而解决问题。

【授课目标】

化解由沟通不顺畅所导致的家庭亲子矛盾。

【台本】

（家里内景，孩子和妈妈）

妈妈正在厨房做饭，孩子在客厅里玩昨天新买的遥控赛车，忽然"砰"的一声，由于操作不当，赛车被撞得七零八落，再也不动了。孩子哇哇大哭。妈妈闻声赶来，看到客厅的情景顿时就生气了。

妈妈（大声地朝孩子吼）：你这孩子怎么这样啊，昨天才买的赛车就摔坏了，你就不能小心点吗？你看看，满地都是你的玩具，每次什么东西不玩了就随便乱扔，你就不知道把它们收起来吗？

孩子（倍感委屈，哭闹）：我的赛车摔坏了，我要再买一个新的！

妈妈：不行！你这么不爱惜玩具，再给你买多少你都会摔坏。

孩子（双脚一跺，嚷嚷）：我就要买一个。

妈妈（更加生气）：你还来劲了，每次一碰到事情，就只知道哭，你还是不是个男孩子啦，怎么比女孩子还娇气啊，真不知道是谁把你惯成这样的！

（孩子听了妈妈的数落，哭得更大声了，索性往地上一坐，撒起泼来）

妈妈（粗暴地将孩子从地上拉了起来，径直往阳台上拉去）：就你这样，还敢让我给你买新玩具！你就站在这哭，什么时候不哭了再进来，听到吗？

（孩子根本没有理会妈妈在说什么，一直在大哭）

妈妈（生气地坐在沙发上看着孩子哭，无可奈何地摇头）：现在的孩子太不听话了，真的难管啊！

（转场，切换至老师解析的PPT）

老师：刚刚的场景，相信对于各位家长来说都是非常熟悉的，在我们与孩子相处的过程中随时可见这种场面。我们可以预见事情的结果：妈妈很无奈，孩子很委屈，最后某一方被迫妥协。那么正在观看视频的爸爸妈妈们，当你们遇到类似的情景时会如何与孩子进行有效沟通呢？接下来，老师将从心理学的角度解读情境，帮助爸爸妈妈们快速了解智慧沟通的三原则，从而达到与孩子良好沟通的效果。

首先，当看到孩子弄坏玩具并哇哇大哭的时候，爸爸妈妈们大多数情况下会条件反射地火冒三丈。因为孩子又犯错了，他不知道爱惜玩具，并且孩子的哭闹让人头疼。为了让孩子尽快停止哭泣，我们会严厉地训斥。可想而知，当情绪未能得到理解和接纳的时候，孩子只可能变本加厉地释放情绪，因为他想让我们了解他此刻的感受。那么，遇到这种情况时，爸爸妈妈们要做的第一步就是接纳情绪，与孩子发生共情。这个阶段采取不否定、不批判、不说教的方式，尝试去理解他无理取闹背后的深层原因。在亲子相处中，当遇到问题需要进行沟通时，作为父母的我们首先应该学会控制好自己的情绪，然后再去接纳孩子的情绪。也许孩子情绪宣泄的方式令人不舒服，但是，请尽量从孩子的角度考虑问题，理解孩子的感受。如果对孩子的情绪表达视而不见，那么，任何教育和沟通都将是苍白无力的，甚至会引起反抗。

在共情孩子的情绪后，接着应拒绝要求，并且这个拒绝必须是没有敌意的。在亲子沟通过程中，对孩子说话尽量语气温柔，话语坚定，不对孩子进行定性的批评，比如妈妈说的"你这么不爱惜玩具，再给你买多少你都会摔坏"这句话就带有定性的意思。其实我们可以用更加温和且更加客观的方式来沟通，如"妈妈不会买辆新赛车给宝宝，不过我们可以想想为什么车这么容易出问题，是哪里操作不对吗？"这就是不带敌意的拒绝。

这个时候通常孩子已经能够平复情绪，可以进行理智对话了。最后就可以坐下来和孩子一起讨论分析事件的整个过程和解决办法。在这个阶段，我们可以帮助孩子理解为什么会犯错，而不是简单地归咎于他的不用心、不认真和不懂事。此外，通过探讨问题解决的方式，鼓励孩子提升解决问题的能力，就是有效陪伴的秘诀所在。

（转场，家里内景，切换至孩子和妈妈，倒回最初的场景。

客厅里新买的赛车被撞得七零八落，孩子坐在地上哭闹不止，妈妈从厨房急匆匆跑过来）

妈妈（蹲在儿子身边，用手轻轻抚摸他的后背）：宝宝最喜欢的赛车好像出了点问题，你是因为车跑不动了感到很伤心是吗？

（孩子听后点点头，仍然闭着眼睛哭）

妈妈：看到新车被撞坏了妈妈也很难过呢，它跑起来可快可好看了。

孩子（哭声变小）：车坏了，我要买一辆新的。

妈妈：宝宝想玩赛车，妈妈知道的。但是妈妈现在不能答应重新买新的，因为这是宝宝最喜欢的赛车呀。如果只是因为出了点问题我们就不要它，那么它会不会太可怜了？

（孩子还在抽泣，没出声）

妈妈：妈妈有一个提议，或许我们可以想办法把车修好，让它还可以继续陪宝宝玩，你愿意和我一起动手吗？

（孩子犹豫了一会，轻轻点了点头）

妈妈（微笑，抱着孩子）：宝宝真棒，遇到问题能够听取妈妈的意见，想办法解决，我们一起加油吧！

（转场，切换至老师解析的PPT）

老师：在亲子相处过程中，父母要学会尊重孩子，尽量让孩子做自己的主人，不要用自己的价值观绑架孩子。今天主要和大家分享了智慧沟通的三原则：接纳情绪（不否定、不批判、不说教），拒绝要求（没有敌意的拒绝），讨论办法（提供问题解决的办法）。爸爸妈妈你们学会了吗？

教育孩子是牵着蜗牛散步的过程，只有不断地学习和练习，不完美的父母加不完美的孩子才有了创造完美家庭的可能。亲子沟通需要爱,也需要智慧。本期的智慧父母微讲堂就先到这儿了,再见!

【点评】

该作品选取日常生活场景为例,具有典型性和实用性。作品围绕家庭教育中亲子沟通的一个具体事件,通过心理教师对案例进行剖析和方法指导,案例中的妈妈在同一情境中展现出前后两种截然不同的沟通方式,形成鲜明有效的对比,教育效果显著;人物对白生活化,教师指导简单易懂,便于家长学习和化为己用。作品通过情景模拟,生动演绎有效沟通的原则及其运用,形象直观,让家长更容易掌握。作品设计思路清晰,过渡自然,集趣味性和知识性于一体,具有较强的推广价值和指导意义。

# 第三章　心理微课与微讲堂视频的录制

心理微课与微讲堂视频录制通常分为内录式和外录式两种。前者使用计算机内部程序进行录制，后者则使用录像机进行录制。两种录制方式各有利弊：内录式的画面中，PPT中的图像文字较为清晰，使用的设备较少，上手容易，制作者甚至能在家独立完成录制；外录式则更适用于心理知识的讲解和操作流程及步骤演示。在外录式微课中，观众看到的画面和教师线下实际课程比较接近，教师备课的工作量相对较少。制作者出现在视频中，能够利用手势、表情等肢体语言直观地传递一些信息，更利于学习对象集中注意力。对于如何录制视频没有统一的要求，制作者可以根据自己的偏好选择合适的录制方式，既可以两者择其一，又可以两者兼用。

## 第一节　心理微课与微讲堂视频录制的基本要求

心理微课、微讲堂可以使用手机、数码相机、DV等摄像设备进行拍摄和录制，也可以使用录屏软件录制音频或视频，录屏软件有 Camtasia Studio、Screencast-O-Matic、CyberLink、YouCam、屏幕录像专家等。制作要求如下：

1. 视频画面要清晰。录制时调整电脑分辨率为1024×768，也可以根据需要调整录制屏幕大小，色彩位数为16位。一般来说，制作的视频格式为 flv、mp4，视频尺寸为

640×480 或 320×240，音频格式为 aac、m4a、f4a、ogg、oga。在保证声音图像质量的前提下，尽量控制视频文件大小，以 50MB 内为宜。要注意保证视频画质清晰，呈现的内容有美感，综合考虑字体、字号、颜色及图文结合，屏幕字体颜色搭配醒目。有画中画的，一定要注意不要挡住授课的内容，同时教师要时常看向镜头，以实现和观众的互动。

2. 心理微课或微讲堂的内容力求精练，要在限定时间内讲解透彻，避免泛泛而谈，在内容、文字、图片、语言等方面要准确无误。若内容较多，建议制作系列微视频。PPT 课件要做到简洁、美观大方，PPT 幻灯片控制在 30 张以内为宜，讲解时间一般控制在十分钟以内。

3. 录制视频时要尽量降低噪声干扰。由于课堂现场录制是在不受控制的环境下进行的，摄像头的麦克风收录现场噪声较大，因此为了降低噪声干扰，建议使用领夹式无线麦克风进行录音，以便清晰地录制制作者的声音。开始录制前，一定要确保无线麦克风无线接收器和发射器的电池有足够的电量，并且设备已经打开，调至合适的频道。同样，接收器和发射器的摆放位置也以不产生静电噪声为宜。在视频开始之前，最好做一下测试，确保视频工作正常，录制的声音清晰，无线麦克风工作正常。所以，要尽可能保持录音环境的安静，讲解要声音响亮，抑扬顿挫。此外，语言通俗易懂、深入浅出、详略得当。

4. 注意把握视频的时长。通常，每个视频大约 5~15 分钟，以 6~10 分钟最好。如果时间过长，学习者注意力容易分散，而时间太短往往不能完整说明某个观点。

5. 后期制作时要有片头片尾，可以以水印的方式显示标题、作者、单位等信息。

## 第二节　心理微课、微讲堂主要录制方式和后期编辑

**一、心理微课制作的主要方式**

1. 手机 + 白纸方式

（1）工具与软件：可进行视频摄像的手机、一沓白纸、几支不同颜色

的笔、相关主题的教案、相关录屏软件。

（2）方法：使用手机对教学过程进行录制。

（3）过程简述：第一步，针对微课主题进行详细的教学设计，形成教案。第二步，画出拍摄范围，可以以画图、书写、标记等方式，用笔在白纸上展现出教学过程，同时用手机将教学过程拍摄下来。尽量保证语音清晰、画面稳定，讲解过程逻辑性强，讲授明了易懂。第三步，后期进行必要的编辑和美化。

（4）拍摄方式：制作者可以自我拍摄、由他人协助拍摄或由信息技术教师拍摄，要求更高的甚至可以找专业公司拍摄。此外，可采用 DV 单机拍摄、双机拍摄、多机拍摄、自动录播等方式。

（5）拍摄地点：学校操场、教室、实验室、办公室等。

2. DV+ 白板（黑板）方式

（1）工具与软件：DV、白板（黑板）、粉笔、其他教学演示工具。

（2）方法：对教学过程摄像，包括板书、游戏活动、表演等内容。

（3）过程简述：第一步，针对微课主题进行详细的教学设计，形成教案。第二步，在黑板展开教学过程，利用 DV 将整个教学过程拍摄下来。第三步，对视频进行简单的后期制作，可以进行必要的编辑和美化。

3. 电脑 + 录屏软件 + 手写板 + 画图软件方式

（1）工具与软件：录屏软件（如 Camtasia Studio、Snagit 或 CyberLink、YouCam 等）、手写板、麦克风、画图软件（如 Windows 自带的画图工具）。

（2）方法：用手写板和画图软件演示教学过程，并使用屏幕录像软件录制。

（3）过程简述：第一步，针对微课主题进行详细的教学设计，形成教案。第二步，安装手写板、麦克风等工具，使用手写板和画图软件，对教学过程进行演示。第三步，通过屏幕录像软件录制教学过程并配音。第四步，对视频进行必要的编辑和美化。

4. 录屏软件 + PPT 课件方式

（1）工具与软件：电脑、耳麦（附带话筒）、录屏软件（Camtasia Studio、Snagit、CyberLink、YouCam）、PPT 软件。

（2）方法：对 PPT 演示进行屏幕录制，配上录音和字幕。

（3）过程简述：第一步，针对所选定的教学主题搜集教学材料和媒体素材，制作 PPT 课件。第二步，在电脑屏幕上同时打开录屏软件和教学 PPT，教师戴好耳麦，调整好话筒的位置和音量，调整好 PPT 界面和录屏界面的位置后，单击"录制桌面"按钮，开始录制。教师一边演示一边讲解，可以配合标记工具或其他多媒体软件或素材，尽量使教学过程生动有趣。第三步，对录制完成后的教学视频进行必要的处理和美化。

5. 摄像机拍摄

对于讲授类、演示类的微讲堂可以采用摄像机拍摄。讲授类可以使用家用摄像机单机拍摄，将摄像机固定在三脚架上，确定好取景范围后就可以拍摄。在录制过程中，讲授者要自然放松，保持良好的教学仪表姿态，把镜头当作听众，经常看向镜头。演示类的拍摄背景要简洁，最好是浅色。后期剪辑时再插入教学课件等资料。录制过程中教师如果出错，无需从头录制，只要把该部分重新拍一次即可，后期剪辑的时候再进行加工整理，尽可能地让讲授过程流畅。

为了达到更好的视听效果，同时提高录制效率，可以多人多机位进行拍摄，加入讲授的中、近景画面，以及板书等特写，通过 VGA 接口采集多媒体课件画面，一次性录制合成。当然，在制作前教师需要与录制人员多交流确保讲述内容完整记录。此外还要注意音画同步，录音时使用领夹式无线专业话筒。

**二、心理微课、微讲堂录制常用软件使用方法**

心理微课、微讲堂的制作，目前运用最多的是录屏软件加 PPT 课件的形式，这种形式简单易学。下文以录屏软件 Camtasia Studio V6.0.3（以下简称为 CS6.0.3）为例，介绍心理微课、微讲堂的录制、编辑和生成方法。

打开 CS6.0.3 界面，点击软件左边的"录制屏幕"按钮（如图 3-1），会弹出 Camtasia 录像机（如图 3-2），如果你演示的内容是全屏播放的，可以在 Camtasia 录像机的"选择区域"里选择"全屏幕"（如图 3-3），打开音频后（如图 3-4），点击"音频"旁边的白色小三角■，选择你使用的音频设备（如耳机等）。如果想把自己的人像录制到微课中，还可以选择旁边的摄像机开关，同样点击摄像机旁边的白色小三角选定使用的摄像头设备。

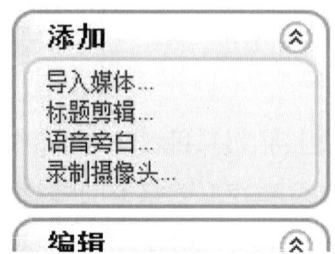

图 3-1

图 3-2

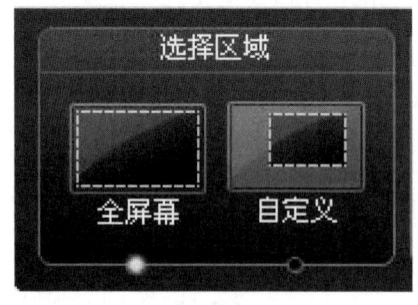

图 3-3

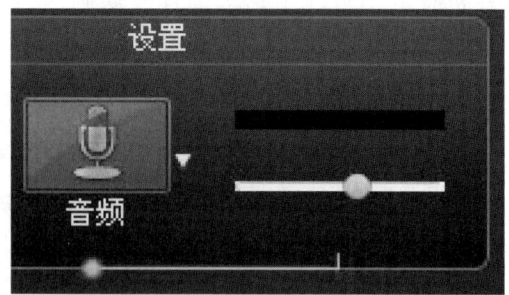

图 3-4

如果不录人像或声音，可以关闭这两项的开关（相应的选项下面的灯会熄灭，表示关闭状态）。此外可以自定义录制的范围：在"选择区域"中选择"自定义"，这时屏幕上会出现 8 个移动块，可以通过鼠标调节 8 个移动块来调节录制屏幕的大小。全部设置好后，就可以进行微课的录制了。

讲授完后按键盘上的 F10 按钮结束录屏。录屏结束后会跳出"预览窗口"，点击预览窗口中间的播放按钮可以预览刚才录制的视频。下面介绍弹出的"预览窗口"右下角的 4 个按钮（如图 3-5）。

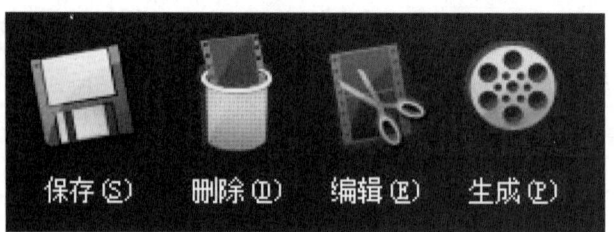

图 3-5

第一个是"保存"按钮,把刚才录制的内容保存到电脑里。点击"保存"按钮,弹出保存对话框。选择一个路径,给文件命名,保存。

　　第二个是"删除"按钮,如果你对刚才录制的内容不满意,可以点击"删除"按钮重新录制。点击"删除"按钮后,会跳出一个删除对话框,选择"是",删除刚才录制的视频。

　　第三个是"编辑"按钮,可以对录制的内容进行编辑。点击"编辑"按钮,进入CS6.0.3主程序界面,进入编辑状态,可以把刚才录制的内容进行视频分割、移除、添加、裁剪、音频处理等操作。编辑完成后,最后一步是生成视频文件,点击"生成视频为"按钮,弹出对话框(如图3-6),点击"下一步",出现格式选择,选择系统推荐的默认输出,然后点击"下一步"。第一次运行CS6.0.3最好根据需要对flash选项进行设置,点击"flash选项"按钮,出现"flash选项"对话框。在"flash选项"中,格式选项可以选择mp4格式,也可以选择flv格式,不推荐大家用swf格式(很多播放器不支持swf格式)。帧率选择30,关键帧填每秒1帧,质量和位率全部拉到最高,这样就能得到较好的视频画质。画质越好,生成的文件也就越大。如果文件太大,可以降低质量和位率的数值。设置完毕后,点击"确定",继续点"下一步"。设置完成后,点击"完成"按钮,CS6.0.3软件开始自动生成视频文件,视频生成完毕会出现完成界面(如图3-7),点击"完成"按钮,整个微课制作过程完成。

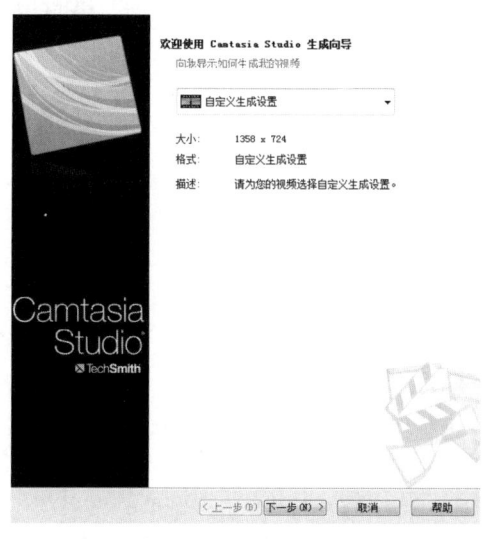

图 3-6

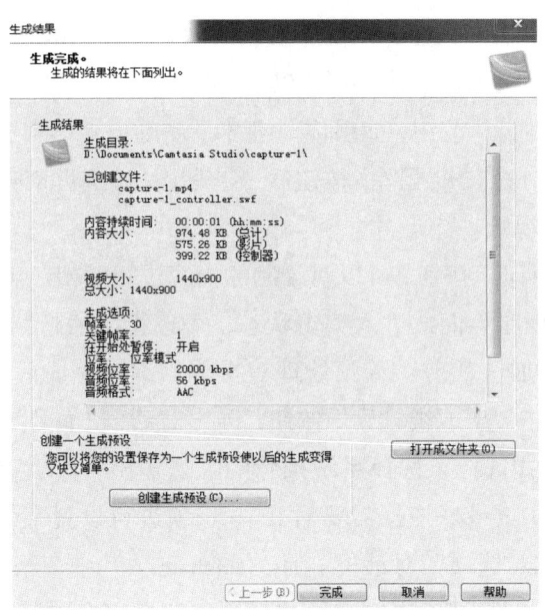

图 3-7

第四个是"生成"按钮，通过播放预览观看刚才录制的内容，如果觉得满意，不需要进行修改，可以直接生成视频。具体操作步骤与前文一致。

最后，打开文件夹，里面有两个文件（如图 3-8），其中"capture-1.camrec"是 CS6.0.3 录制的原始文件，可以用 CS6.0.3 软件对这个源文件进行编辑操作。"capture-1"文件夹就是刚才生成视频的文件夹，里面也有两个文件（如图 3-9）。文件名为"capture-1.mp4"的视频文件就是微课的初成品。

图 3-8　　　　　　　　　　　　图 3-9

### 三、心理微课、微讲堂的后期编辑

首先，检查心理微课、微讲堂作品中是否出现错误。将初步制作好的作品导入电脑，使用会声会影、Edius、Adobe Premiere Pro 等音视频编辑软件，仔细检查作品中是否出现知识性、政治性的内容错误，以及拼写、语法等文字错误。对作品中停顿、拖沓的部分进行删减，保证整个作品紧凑、流畅。

其次，给心理微课、微讲堂作品添彩，如给作品添加片头（如作品题目、制作者、单位、适用对象等信息）。还可以根据需要加入更多的教学资源，让教学内容更加丰富。

经过纠错和添彩后，即可选择合适的视频格式将视频导出。

# 第四章　中小学校园心理微电影

**随**着网络的普及，人们获取信息的方式呈多媒体发展。在这种背景下，"碎片化"信息接收方式逐渐形成，为了满足大众的需要，微电影应运而生。

## 第一节　何为校园心理微电影

校园心理微电影属于比较新鲜的事物，由各种新媒体平台上播放的短视频发展衍生而来，是一种利用新媒体技术展现心理健康教育的宣传手段。它是建立在商业微电影的理论和技术基础上，以校园里学生常见的心理问题为主题的微电影作品。校园心理微电影可以让学生自己先行表演，然后再跳出角色反观自我，得到启发；也可以传播出去，让更多人也有所感悟。如此一来，表演者和观看者都得到启发。

微电影研究专家史兴庆博士指出："行业微电影既推动了微电影的发展，也提升了行业的形象，加深了人们对某个行业的了解，推动了行业工作的发展，实现了微电影发展和行业传播的双赢。行业微电影具有很强的生命力，是这两年微电影在艺术和商业维度之外的一大突破和收获。"[1] 目前，校园心理微电影的发展还远远没有达到史兴庆博士所说的行

---

［1］史兴庆. 行业微电影成微电影的新支点［EB/OL］.（2014-07-28）［2020-03-16］. http://culture.people.com.cn/n/2014/0728/c172318-25354452.html.

业化程度，但是，它已经"逐渐开始成为一种独立的艺术形式，是因为它已经具备了自身的独特属性，有别于传统电影和网络视频"[1]。目前，校园心理微电影还处在构建概念的阶段，这也意味着校园心理微电影依然处在摸索发展的起步阶段。

校园心理微电影如何界定？什么是中小学校园心理微电影？它与一般的微电影有什么区别？它又有什么作用和意义？这些问题是校园心理微电影发展需要探索和求解的问题，也是对中小学校园心理健康教育发展具有重大意义的研究课题。

中小学校园心理微电影是微电影发展的支系产物，需要从微电影发展的特点来探讨它自身的独特属性，才能够进一步考虑这个类型的微电影如何发展等问题。

## 一、微电影的源起

微电影，即微型电影，又称微影，指的是在电影和电视剧艺术的基础上衍生出来的、具有完整的故事情节和可观赏性的小型影片。保罗·莱文森的"补偿性媒介"理论指出：人在媒介演化过程中进行着理性选择，任何一种后继的媒介都是一种补救措施，都是对过去的某一种先天不足的功能的补救和补偿。[2]也就是说，微电影的出现是必然的，它是电影技术越来越成熟的必然产物。

1. 中国微电影的兴起

2005年，微视频《一个馒头引发的血案》的出现正式开启了中国微视频时代。但是，这个时候的剪辑视频仍然不能称之为微电影，只能说是中国微视频时代的开端，它奠定了微电影产生和发展的基础。直到2010年一部时长约为90秒的网络电影《一触即发》出现，这才诞生了国内第一部微电影，这是微电影时代的里程碑。此后，国内微电影作品如同雨后春笋般涌现出来，通过互联网获得广泛传播，并且在市场上产生了实际的经济效益。

一些影响力广泛的微电影作品都基本上是商业产品，尽管篇幅较短，但其在技术和特效的投入上并不比大电影差多少，电影效果也是被观众认可的。当然，中国每年都有大量小成本、小制作、小投资的微电影作品发

---

[1] 孟志军.微电影的传播学解析[J].新闻界，2011（8）：99-101.
[2] 何道宽.手机：挡不住的诱惑[N].经济观察报，2004-10-18（6）.

行，这主要是得益于微电影具有微时长、微制作、微投资的优势。在当下，创作一部微电影的门槛已经变得非常低，根据不同层次的需求甚至可以轻易地拍摄出一部微电影。

2. 微电影的特点

微电影篇幅短小，情节紧凑。从记忆的角度来讲，微电影时长较短，能让观众更清楚地记得故事细节。如今，微电影发展日趋成熟，也形成了它自身独有的一些基本特征。

（1）微电影"三微"特点。

微电影从传播内容上看具有微时长、微制作周期、微投资规模的"三微"特点。微时长一般认为在30秒到300秒之间。微时长是微电影的一个鲜明特点，这就要求影片内容必须凝练，还要保证故事的完整性。微电影的这个特点满足了当下很多人短时观看的需要，既方便又快捷。微制作是微电影的又一个显著特点。从制作周期的角度来看，一部微电影从创作剧本到后期制作完成，可能需要花费几天或者几周的时间，这样的周期相对"大电影"或电视剧来说，简直是微乎其微。微电影还具有微投资规模的特点。微电影的拍摄设备简单，制作成本低廉。对于广大的普通人来说，只要有一部可以拍摄视频的手机、一台普通配置的可以上网的电脑以及一款视频编辑软件，就可以制作一部微电影。

（2）微电影传播渠道便捷。

可以想象，在学习工作之余的短暂的休息时间里，观看一部电影来让自己放松一下是一件多么美妙的事情。微电影自诞生之初就没有在院线播放传播，而主要依靠电脑、手机等便携式的设备进行播放。由于电脑和手机的体积相对较小，再加上现代通信技术的高度发展，观众可以突破时间和空间的诸多限制，随时随地可以轻易获得微电影资源来观看。对于现代人越来越快的生活节奏，微电影的的确确提供了一种非常便捷的视频观赏模式。

（3）微电影增加互动的功能。

由于受到硬件和空间的限制，传统的电影只能让观众单向地接受信息，对于观看者来说，即时分享观点和感受的需求很难实现，更不用说分享影片的故事情节和表达思想了。微电影则不同，观众在观看过程中可以暂停、跳跃、回放，甚至用软件改编电影。也就是说，微电影的观众将不单是一个旁观者，还是一个能够进行自我表达的阐述者，他们对电影本身具有更强大的影响力。

随着对微电影的相关研究和探索的深入，更多的特点被发掘出来，逐步形成微电影自身的概念体系，这意味着微电影的发展正在逐步成熟。近年来，随着新媒体技术和通信互联网技术的不断发展，中国微电影也呈现井喷之势。不同行业有不同的特征，也使得微电影呈现出不同行业的个性。目前发展态势良好的行业微电影有法治微电影、旅游微电影、消防微电影、税务微电影、党建微电影、廉政微电影、禁毒微电影等。而在教育行业，特别是在中小学校园中，微电影的发展滞后，影响力有限，中小学校园心理微电影的相关创作还有巨大的发展空间。

**二、微电影与其他微视频的区别**

人们对微电影和微视频这两个概念产生过激烈讨论，也有很大的分歧。微电影是运用专业的技术制作，以电影手法讲述故事，以互联网作为主要传播渠道，使用便携式媒体播放平台收看、分享和传播的视频短片。而微视频的概念则简单得多，即运用视频拍摄工具制作的任意微小视频片段就可以叫作微视频。

从技术层面来说，微电影拍摄制作的要求更高，它已经形成具有自身特点的媒体类型。实际上，微电影已经是传统电影和电视剧的一种补充，充分具备叙述一个完整的故事和表达某种思想的能力。微视频则是碎片化的场景再现，它甚至不需要考虑视频呈现的效果和感染力。比如，一只宠物狗不小心按下手机的视频拍摄功能键，正好拍到墙角的一只虫在停留，这样的视频也能称为微视频。

从创作的角度来看，微电影更偏向商业制作和专业制作，而微视频则完全可以根据制作者的喜好和制作条件进行创作。中国的微电影在产生之初就是从商业制作开始的，并且采用传统电影制作的一般运作体系。微电影追求精美和专业，以商业目的为驱动，在内容上是一个完整的故事。显然，微视频的外延更大一些：采用各种具有拍摄视频功能的设备进行创作和拍摄的小视频都能称为微视频。所以几乎任何媒体用户都可以创作完成简单的微视频作品，而高质量作品制作则趋向于微电影制作。但是，仍然不能简单地把高质量微视频作品当作微电影，因为微电影已经是一门比较成熟的媒体视频类别，具有专业性强、制作精美的特点，而微视频一般泛指一段微小的视频片段。

### 三、中小学校园心理微电影简述

大多数微电影与"中小学校园心理"发生联系是因为创作题材的需要，或者是以教育教学视频素材的形式在中小学课堂教学中呈现。若说到中小学校园心理微电影的发展，不论是从创作水平还是实用性上来看，它相对整个微电影的发展形势来说都是比较薄弱的。

1. 中小学校园心理微电影的起步

微电影兴起之时，校园题材的微电影也应运而生。校园题材的微电影不仅在高校中蓬勃发展，中小学校园相关的微电影也逐步出现。中小学校园心理题材微电影起初主要以反映现实问题为主题，同时紧扣心理健康话题。很快，很多人从积极传递正能量的角度去制作微电影，逐步带动一些励志、感恩、奋斗等心理题材微电影发展起来，使得中小学校园心理微电影慢慢打开丰富多彩的局面。

心理题材的微电影也是微电影发展过程中不可或缺的部分，校园心理微电影的创作和发展最先是发生在高校。例如高校里"5·25心理活动月"的应景创作、高校自己组织的校园微电影比赛，或者是参加国家、省市级别的艺术创作比赛等。如今的中小学校园心理微电影的创作主要继承了高校微电影的创作模式，以开展比赛活动的形式推动心理微电影的创作。中小学校园心理微电影的发展还处在起步阶段，它的创作、用途等方面还有待研究和发掘。

2. 中小学校园心理微电影的特点

（1）以心理健康教育为核心。

近年来，中小学心理健康教育工作的意义越来越突显，与之相关的各种心理健康教育手段和模式不断被探索和研究并实践运用。一般的心理类型微电影主要是探讨人性的善与恶，或者青春烦恼和纯真感情等主题，多数商业制作微电影更喜欢挖掘犯罪心理。所以，一般的心理微电影在中小学校园里的影响和意义都不大。即便如此，还是有一部分公益性质的心理题材微电影作为教学素材进入中小学校园当中。

心理微电影如果有了"中小学校园"这个界定，那么不管是在创作还是在用途上都必须根据中小学生生理和心理发展特点，依据有关心理健康教育的理论，突出心理健康教育核心意义，其目的就是培养学生良好的心理素质，促进学生身心全面和谐发展和素质全面提高。也就是说，中小学校园心理微电影要表达的思想核心应该是以培养积极心理环境为主，同时减少不良刺激，渗透心理素质培育，提升心理素质。

（2）用于心理辅导或解决心理问题。

不同于舞台心理剧或小品，微电影具有更广阔和更自由的表演空间。正因为如此，微电影的表演者更容易进入角色，而角色的设定贴近生活，场景也是生活化的场景，表演者不会因为现场氛围产生压力，从而更容易深入角色的内心。作为表演者，整个角色扮演的过程也正是他们表达内心的过程。而且，因为电影本身创作的设定，能够给演绎者一个心灵方向的引导，达到心理辅导和解决心理问题的效果。

在中小学校园中，同伴之间的影响是非常大的。正因为如此，当同龄人看到熟悉的同伴在微电影里的演绎，会更容易产生共鸣。所以，对于一些为心理问题感到彷徨、烦恼的中小学生，观看校园心理微电影的时候更容易触动他们某一方面的内心问题，达到心理辅导和缓解心理问题的效果。

（3）将心理活动具体化。

在中小学校园里拍摄和制作校园心理微电影，由于经费等方面的限制，很难使作品达到专业制作的水平。即便如此，校园心理微电影同样具备展现人物心理活动的效果，能将情绪、情感、内心活动等内容影像化，对于中小学生而言，这样的表达更容易使他们产生共鸣。同时，校园心理微电影在表现表演者内心独白时不需要停顿表演，不会降低剧情的真实感。此外，微电影在展现人物内心独白时，除了表演者的面部表情，还可以加入人物内心活动的画面，如回忆、懊悔、开心等，场景突破了时空局限，使得内心表达更具有直观性。

这里，我们必须绕开一个误区，中小学校园心理微电影涵盖的范围很广，它并不要求作品必须由学生或老师创作，或者是在中小学校园内创作，不完全是以中小学作为题材。准确地说，中小学校园心理微电影主体以中小学生为主体，并以此延伸，一些具有中小学校园心理健康教育意义和用途的优秀心理微电影作品也属于中小学校园心理微电影。比如关于励志、梦想主题的微电影：2012年，《中国达人秀》冠军卓君主演的《田埂上的梦》。《田埂上的梦》展现了主角从儿时一直坚守梦想到成年之后实现梦想的历程，表达了"有梦想就有未来"的主题，适合在中小学里传播和学习。这部微电影是代入感很强的优秀作品，能让中小学生产生不小的共鸣，激励他们上进，符合心理健康教育的意义。

微电影的理论体系日趋成熟，相比较而言，中小学校园心理微电影这个支系的研究和探索还处在起步的阶段，不同的人对一些概念的描述也会存在分歧和争议。中小学校园心理微电影这个课题仍具有广阔的研究和发展空间。

**四、中小学校园心理微电影与其他微电影的区别**

中小学校园心理微电影是微电影的一个类型，因此，它与其他微电影还是存在区别的。首先，中小学校园心理微电影的创作应该服务于中小学心理健康教育工作，而目前的其他类型的微电影主要还是商业用途居多。其次，今后中小学校园心理微电影的主要发展方向为以校园心理剧、校园心理微课等为主要形式，以心理健康教育为目的进行创作，而不是与其他类型的微电影一样以获得商业利益为目的。下文详细阐述中小学校园心理微电影与商业制作心理微电影的区别。

1. 目的的区别

制作中小学校园心理微电影时必须认真研究它所要呈现的内容尺度以及它自身的意义。它虽然可以借鉴已经日趋成熟的商业心理微电影成果，但不能全部套用和原样照搬。中小学校园心理微电影主要以心理健康教育为目的，观众是中小学生，因此，作品的层次相对要浅显一些。

商业制作心理微电影具有更强的专业制作特点，以获得商业利益（除公益类型的心理微电影之外）为目的。很多商业制作心理微电影同传统商业电影一样，为了刺激观众的观感，导演喜欢在电影里融入暴力美学、性、人性、伦理等元素来表达扭曲和变态的心理状态，这并不适合身心尚未成熟的学生观看。

2. 条件的区别

中小学校园心理微电影创作需要的条件并没有那么苛刻，唯一一个相对固定的条件是需要在专业的心理老师指导下完成。这是保障校园心理微电影紧扣心育内容的关键，确保电影作品具备心理健康教育意义。商业制作心理微电影本身就需要专业的团队来完成，为了使电影具有更强的疗愈功能或心灵冲击力，电影创作需要更深、更强的心理学专业知识支撑，这是一般的中小学校园心理老师无法胜任的。

3. 观影对象的区别

中小学校园心理微电影的特点决定了它的受众面比较窄。比如，小学心理健康教育的目的主要是帮助学生了解自我、认识自我，激发学习兴趣和探究精神，树立自信和集体意识等；初中心理健康教育的目的主要是帮助学生客观地评价自己，认识青春期的生理特征和心理特征等；高中心理健康教育的目的主要是帮助学生确立正确的自我意识，树立人生理想和信念，形成正确的世界观、人生观和价值观等。根据教育目的和意义的不同，校园心理微电影的受众具有比较明显的年龄阶段特征，所以，校园心理微电影的受众面比较窄。商业制作的心理微电影不大会考虑观看对象适用范围的问题，而且追求大范围传播量也是商业制作心理微电影的特点之一，所以商业制作心理微电影的观看对象范围更广。

区别中小学校园心理微电影与其他类型的心理微电影的意义在于更好地帮助创作者把握作品的内容和原则，使校园心理微电影更具有独立的艺术形式和属性。

## 第二节 中小学校园心理微电影的结构和功能

**一、中小学校园心理微电影的基本结构**

同其他媒体视频一样，微电影的基本结构至少包括两大要素，即影像（video）和声音（audio）。影像是呈现在播放设备上的图像，声音是微电影表现的另一个重要因素，即实现各种声音信息的再现。所以，微电影的基本结构就是通过录像设备将具体的、动态的景物形状与颜色拍摄下来以获得影像，同时使用录音设备捕捉现场的各种声音元素，再将声音与影像配合，通过媒体播放设备还原。可以通过微电影向观众提供丰富的视觉和听觉信息，具有很强的表现力和真实感。

中小学校园心理微电影的结构组成一般要以中小学自身具备的条件来构建，虽然它只是微电影中的一个类型，但是它的结构组成条件并不因此而缺失。相比传统电影和专业创作的微电影，它依然可以在中小学校园自身拥有的具体条件上追求精简。

### （一）中小学校园心理微电影的基本要素

中小学校园心理微电影的基本要素至少包括心理学专业工作者、摄制组成员、演员。心理学专业工作者是特定的、有别于其他微电影的结构组成要素。

#### 1. 心理学专业工作者

心理学专业工作者，一般由中小学校的专职心理教师担任。心理学专业工作者承担把握电影主题、指导电影相关心理学理论、界定电影情节、审核电影内容等方面的职责。中小学校园心理微电影具有心理健康教育意义的核心特点，心理学专业工作者要在电影创作前就拟定好电影的主题思想和适用的理论，并指导心理微电影主题的选择，使电影呈现的时候带有心理教育的特征，用以区别其他类型的校园微电影。同时把握好电影的情节和内容的呈现尺度，还要以研究观看对象和参与演出对象的心理特征为依据，使电影适合中小学学生的身心特点。

伴随着现代社会的发展，人们对心理的认知日益加深。心理疾病的特征和性质成了电影剧本中的热门元素，在电影题材来源上又打开了一条充满想象的道路。于是，在故事片、喜剧片、动作片、犯罪片、暴力片等类型的传统电影里都喜欢加入心理元素作为情节设计，极大地丰富了观众对人类自身行为的再认知。因此，最早的心理微电影也延续了传统电影心理题材主创的思路，即喜欢从心理疾病或心理问题等方面入手。比如微电影《来自星星的孩子》（也叫《星星的孩子》）等多部相同题材的自闭症儿童公益微电影，每一部都力求从各种角度细致描述自闭症儿童心理的表现、患上心理疾病儿童的周边环境，以及提倡关爱自闭症儿童。后来，随着中小学从事心理学工作的人员不断发掘创新，陆续出现了感恩、人际、励志等丰富题材的心理微电影。

由此可见，心理学专业工作者在中小学校园心理微电影作品的创作中起着至关重要的作用。

#### 2. 摄制组成员

琳恩·格罗斯、拉里·沃德在《拍电影：现代影像制作教程（插图第6版）》一书中详细介绍了电影拍摄的摄制组成员，其中包括导演、制片主任、总摄影师、照明组长等，导演之下还有副导演、执行导演等角色任务分配。[1]而微电影的优势就在于摄制组成员的组成上也得到了极大的精简，即满足微制作、微投资的特点。一般认为，中小学校园心理微电影的摄制组成员至少包括一名导演、一名或多名摄影人员、一名场地和道具负责人、一名视频后期制作人员。因为中小学校的资金和物资受到限制，心理学工作者可以同时身兼拍摄和制作的职责。但是，也要避免一个人承担所有职责，因为微电影有别于简单的视频短片，它所涉及的技术要求比较多，全程自制的作品比较粗糙，甚至会创作失败。

导演是中小学校园心理微电影创作的核心人物。不管拍摄一部微电影的缘由是什么，创作团队都必须围绕导演的创作意图和思路实施拍摄和制作。导演可以由学校的教师担任，也可以聘请专业的人员来担任。导演的职责是选定题材和剧本，组织摄制团队，规划拍摄的阶段进度和构建画面内容。一般来说，中小学校园心理微电影的拍摄由专职心理教师来担任导演比较有优势。因为心理教师能把握心理微电影的题材范围，并且对学校环境、拍摄对象以及特定观众的身心特点都了解得比较深入。当然，想要拍摄一部专业效果佳的心理微电影，还是需要聘请一位专业导演来执导，由专职心理教师协同创作即可。

摄影人员是中小学校园心理微电影拍摄的关键，是影像和声音的捕捉质量的主要保障。中小学校园心理微电影要呈现心理这种内在的活动，拍摄的技术上要求足够细腻，特别要注意捕捉微表情、眼神等容易渲染情绪表达和反映内心的特写镜头。微电影不同于简单的视频短片拍摄，除了要注意光影对比、声音捕捉，还需要进行多机位、多角度拍摄。机位越多，需要的摄影人员就越多。当然，如果选择单机位的话，就只能运用多角度拍摄的办法捕捉同一个场景，在制作剪辑的时候用拼接的手段完成场景角度的变化。但是这样做的难处在于声音的同步问题，只能依靠摄影人员的摄影技术和经验把握。

场地和道具负责人解决场景布置的相关问题，是微电影拍摄的关键。场地和道具负责人往往决定着拍摄的进度是否能够顺利完成。微电影的画面要求要比微视频更高一些，为了烘托某种氛围，环境的选择和布置都需要更多的考量。

---

[1]格罗斯，沃德.拍电影：现代影像制作教程：插图第6版［M］.廖澹苍，凌大发，译.北京：世界图书出版公司北京公司，2007.

视频后期制作人员是微电影最终呈现效果的制作者，运用技术手段实现影像最好的再现。拍摄电影的时候捕捉了很多场景——有些场景是舞台创设，有些是模型创设，有些是真实场景，这些效果必须合理地结合在一起，使其具备一种可信的现场感。虽然微电影本身篇幅微小，但是对视听感受的追求还是比较高的。传统电影表现心理活动等非客观事物的特效处理必须依靠一定的技术，中小学校园微电影也是如此。除了演员的精湛演技之外，还可以借助技术特效来辅助实现。所以，中小学校园微电影的后期制作最好能够由专职的电脑教师来担任，至少在制作技术上能够有保障。

3. 演员

中小学校园心理微电影的演员组成一般有主要演员、配角演员、临时演员。中小学校园心理微电影并不意味着出演的演员就会局限在中小学校园里这个设定上，与所有其他微电影类型一样，它的演员选定仍然具有很大的空间。

主要演员是中小学校园心理微电影里的灵魂人物。一部心理微电影能否实现感染观众、传播思想、传递观念、具有教育意义等功能，要依靠主要演员是否有好的演绎。根据主题的不同，主要演员的年龄、角色、社会地位等不应该受限制。比如感人的亲情微电影《记忆的符号》讲述了一个年轻人外出打拼，对家中父母疏于关怀的故事：有一天，母亲忘记了一切，儿子从童年的回忆中找回母爱的记忆符号，试图唤回母亲的记忆。如果深入分析探讨，我们发现成长其实就是一个孩子逐渐脱离父母的过程，而这个过程发展到一定阶段就会带来伤感和悔恨。这类电影可以选作中小学心理健康教育的素材。

配角演员属于次要人物，处于从属地位。电影《地心引力》几乎用了整个篇幅讲述一位女宇航员在面对残酷的宇宙环境的时候内心无限的孤独和恐惧。即便如此，这部电影也需要其他配角的穿插来讲述女宇航员的心理，推动整个故事的进程。所以，在微电影里，配角演员往往承担着增加主角光环，推进故事发展的作用。

为了使影像再现更具有真实感，场景布置需要临时演员。但有时候临时演员可有可无，往往同道具一样用于场景布置。所以一些微电影的创作里不需要任何临时演员，在中小学校园心理微电影的演员组成里临时演员并不是必要的。

专业制作的微电影基本要素显然要复杂得多，但是微电影自身的特点使其在制作工序上可以进行极大的简化。在目前大多数中小学校园中，由于各种客观条件的限制，要拍摄一部心理微电影，具备这些基本要素就足够了。

（二）中小学校园心理微电影拍摄过程

目前，在中小学校园里，如果想要在微电影这个领域里获得实践的经验，主要考虑的是如何自己拍摄心理微电影，怎样才能既加快制作进度又节省经费，怎样解决技术细节上的难题等问题。我们可以从有限的条件中着手，不必追求商业制作般的高质量，但要追求专业化发展。中小学校园心理微电影要形成自己完整的理论和实践体系，仍然需要遵循微电影拍摄的基本过程来进行。

1. 筹划影片拍摄

要想成功地完成一部微电影制作，需要进行大量的筹划准备工作，这一准备过程称为前期制作。因为在中小学校园里，不可能安排一个专门的制作团队来负责微电影拍摄工作，而微电影的制作过程随时会遇到各种变化，所以筹划工作需要准备充分。如果不考虑电影制作周期就进行拍摄，那么也就失去微电影制作的意义。所以，筹划影片拍摄需要以下几个基本的步骤：

第一，中小学校园心理微电影制作前期需要筹划时间。中小学具有比较规律的作息时间，一部心理微电影制作周期大约在一周到三周或者更长的时间，除去部分非校园主题题材，一部分参与拍摄制作的教师和学生可能会面临拍摄与学习、工作之间的矛盾问题。所以，在心理微电影开始拍摄之前，一定要统筹相关人员的可支配时间，尽量避免出现影响教师的正常教育教学工作，或者牺牲学生的学习课业来完成电影拍摄等情况。

第二，场地背景的筹划。作为电影画框里的背景图，场地背景需要事先做好选择，条件允许的情况下还需要进行环境改造。电影一旦开始拍摄，需要怎样的场景必须事先考察和准备好，否则，它不仅影响一个场景的拍摄，而且可能导致整个拍摄进程滞后。比如需要拍摄一个在运动场上淋雨的画面时，不一定非要等到阴雨天才拍摄，可以提前准备好喷淋的水管等道具制造一场"人工降雨"。这样的画面比较容易处理，更复杂的背景画面就不容易临时搭建了。

第三，拍摄团队的筹划。根据中小学校园心理微电影的基本要素，一定要在电影开始拍摄之前筹划好摄制组成员和演员组成。因为即使是拍摄一个简单的场景，也需要导演（心理学专业工作者可兼任）、摄影人员、演员同时协作，如果人员不到齐，将会带来更多的拍摄难题。现代影像合成技术虽然很先进，但是对于中小学而言，配备这样的技术需要更多的成本，不符合目前的实际状况。

第四，摄影器材的筹划。中小学校的条件有限，摄影器材配备相对较差，但校园微电影作为一个新兴的事物，随着现代化学校的发展，相信越来越多的学校也可以在这方面加大投入。在中小学校园里，拍摄微电影最理想的摄影器材配置是一台导演机、两台（或两台以上）肩扛式摄像机、一台航拍器、三脚架、拍摄轨道车等。这些设备已足够满足中小学校园微电影专业化拍摄实践需要，而且能够保障更高的拍摄成功率。当然，以目前多数中小学校的状况来看，这样的配置要求难以实现。即使不能保障摄影器材的专业程度，就算运用手机拍摄，至少也要准备两台（或两台以上）同型号高清摄影功能手机。之所以强调两台以上摄影设备，是因为微电影需要拍摄远景、特写、跳离、反拍、过肩等镜头，需要多个机位才能进行拍摄。

第五，预演筹划。多数中小学校里未配备有微电影的专业主创团队，所以在筹划拍摄阶段的时候需要各组人员进行预演。预演筹划从剧本创作开始，也可以直接采用现成的剧本，所有参与拍摄的人都要一起研究剧本和拍摄细节。导演进行画面构图预演，摄影人员熟悉摄影设备预演，演员熟悉剧本预演等，所有人员通过预演明确自己的职责内容。不管预演效果如何，最终都要在依从导演的思路下达成统一的意见。微电影拍摄过程虽然也是每个角色学习成长的过程，但是毫无准备的拍摄会大大增加各种成本。

影片筹划工作一般要在电影开始拍摄之前做好，但是有的微电影制作需要持续进行筹划工作，甚至一直延续到后期制作。因为微电影拍摄过程中会遇到一些变化，而每一个因素的变化都需要做相应的准备。

2. 拍摄进行

当电影拍摄的筹划准备工作基本完成后，微电影拍摄就可以正式开始。现代剧场艺术理论的先驱爱德华·戈登·克雷曾说他并不需要演员，只需要一个像演员那么大的傀儡。这也是克雷的导演学说，他把演员当作完全为导演服务的工具。爱德华·戈登·克雷的"超级傀儡"理论备受争议，但至少说明一个实实在在的问题，那就是电影怎么拍，由导演说了算。

不同的人对微电影的拍摄持有不同的观点，有人认为这是一件很简单的事情，无须那么复杂的准备，也无须那么多的导演和演员，这种观点更像是描述拍摄微视频。微电影的拍摄更注重导演的统筹安排作用和思想表达，实际上，电影最终呈现的往往就是导演要表达的那个样子。所以，中小学校园心理微电影拍摄也一样，电影正式开拍，就意味着导演要逐步实现已经规划好的拍摄意图和进度。在微电影的拍摄过程中，各部分人员尽可能避免与导演发生大的分歧，因为导演在电影创作之初已经勾勒了各种场景来讲述一个故事，一旦发生大的分歧，容易打乱故事的逻辑，甚至会影响拍摄进程。在中小学校园里，心理微电影的创作尤其要注意这一点，因为每个人对心理的理解不同，而且演员在表演过程中的感受可能存在很多不确定性，一旦产生的分歧影响到导演原来的创作思路，很可能会推翻早期的一切准备工作，甚至会把故事的结局导向不确定的方向，从而导致作品失败。所以，在电影拍摄过程中，最好还是听从导演调度。

电影拍摄过程中也可能存在大的调整，但是调整的思路仍然需要以导演为核心。导演是把握整部电影架构的人，所有的影像片段最终按照导演的思路整合呈现。在电影拍摄过程中，导演自己可能触发某种灵感，在改变某些场景或者内容的时候仍然是按照导演所想的逻辑进行。况且，即使是导演想要对后续的大部分电影情节进行改动，也是在他（她）整合了所有资源之后进行的可以操作的改动。如果是推倒一切重来，实际上已经意味着原先的微电影制作失败了。

中小学校园心理微电影拍摄进行期间与其他微电影不同的地方，就是在导演和专业心理工作人员并非同一个人的情况下，专业心理工作人员的意见对导演的决策和思路有着重要的影响。专业心理工作人员必须告知导演在细节上如何与心理题材相关，而不是拍摄一般的其他类型的微电影。

3. 后期制作

微电影后期制作并不是容易的事情。很多时候在拍摄过程中就要求一个场景拍摄很多条视频，然后到后期再筛选剪辑，将大量的视频片段整合成几分钟左右的短片。因此，需要一定的剪辑技术让画面过渡顺畅，故事逻辑交代清楚。

目前，比较专业的微电影后期制作软件有 Adobe Premiere Pro CC 和 Adobe After Effects CC。对于中小学来说，《会声会影》软件 8.0 版本以上就足够使用了。《会声会影》这款软件在使用上相对简单些，网络上可以提供各种各样十分实用的功能教程，但在特效制作等功能上略有些不足，倘若要适应中小学校园心理微电影的专业化发展，仍然需要在后期制作技术上有所提升。

微电影在剪辑的时候需要注意处理好初剪和精剪这两个最关键的问题，基本上就能够制作出适用于中小学校园的作品。[1]

初剪是指将拍摄好的视频素材经过选择，按照导演预设的故事脚本拼接起来，剪辑成一个没有视觉特效、没有旁白和音乐的版本。初剪，简单地说就是拍摄到什么，就还原呈现什么，如同不带感情般陈述一个粗糙的故事。但是初剪也会把故事梗概、表达方式所存在的问题等呈现出来，为后期润色提供思路。从技术上讲，初剪主要把事先拍摄的各个场景视频素材按照剧本逻辑拼接，处理好画面转场的问题。一般情况下，初剪可直接采用镜头自然过渡转场。

精剪是指微电影的最后一道剪辑，即配音、配乐、字幕、特效等一系列的制作，最终给观众带来视听结合的效果。微电影精剪涉及的技术非常多，即使在中小学校园里，拍摄心理微电影的主要目的不是为了创造经济效益，而是为了使心理电影更具有感染力，精剪的时候还是需要学校里的专业技术人员来担任。这就是为什么在中小学校园心理微电影里强调后期制作人员在摄制组成员中的重要地位。

**二、中小学校园心理微电影的基本功能**

微电影诞生之初就具备了传统电影等播放媒体产品的一些基本功能。从本质来看，电影是一种具有艺术欣赏性的大众文艺作品，是一种可获得利润的意识形态载体的工具。对于微电影这种产物，用保罗·莱文森的"补偿性媒介"理论来看，它是传统电影本身缺陷的补充和完善，所以，微电影也具备以下四项基本功能。

1. 具备艺术欣赏功能

微电影发展至今各种理论观点仍然争议不断，但是每一部真正的微电影都无法抹去其表现出来的艺术特征。同传统电影一样，微电影是集表演艺术、视觉艺术及听觉艺术于一体的产物。中小学校园心理微电影始终会

---

[1] 国玉霞，白喆，郝强. 微电影创作技巧[M]. 北京：清华大学出版社，2014.

朝着专业化的方向去发展，最终形成自己的体系。相信在未来，越是成熟的心理微电影越注重欣赏的艺术性。

中小学校园心理微电影不同于一般的微电影，它可能会更注重通过艺术手段更好地表达认知、情绪、思维、心理活动等方面。所以，即使达不到专业制作的微电影水平，在筹划拍摄中小学校园心理微电影的时候把关好演员的选择，或者在拍摄筹备阶段对演员做一些相应的训练。心理微电影要表达的是心理这类细腻的、非物质的内容，要求演员对表演艺术要有一定的把握和理解，演员的表演水平将决定微电影的质量。如果要提供成功的电影模板作为心理微电影创作的指导，那么参考传统电影《盗梦空间》的拍摄手法是不错的选择。一部优秀的心理微电影也一定是一部高质量的艺术作品。

2. 具备商品功能

目前，中小学校园心理微电影的研究和实践基本上还停留在学校间的各种比赛平台上，更多地体现心理健康教育工作的需要。当这种类型的微电影逐渐成为一种流行的事物，再加上教育领域不断拓宽的提倡，中小学校园心理微电影的创作一定会高速发展。当这样的局面到来之时，这类心理微电影也会像批量生产的产品一样被用于比较、借鉴、交流等。最终，当中小学校园心理微电影的发展趋于成熟之后，它不可避免地成为一种能够实现利润的商品。或许它会以教育产品的形式实现商业利润，或许它会与现在商业化的微电影市场一样，以媒体产品的方式发行。作为微电影的一个类型，它天生就可以进行买卖。

3. 具备意识形态载体功能

微电影原本就是表达创作者的思想，是阐述某种观点的一种方式。它实际上也是通过意识表达来潜移默化地对人的行为、生活方式产生重要影响。如今，微电影具有流通性强的特点，可以不断地传播和强化各种各样的思想和观念，形成一种文化和意识表达的载体。

中小学校园心理微电影的发展主要倾向于心理健康教育发展用途方向，它是中小学心理健康教育的新兴部分。以现在信息技术的水平，它同样可以融入市场，面向社会，发挥着巨大的功能。只是，作为微电影里的一个小的特殊类别，中小学校园心理微电影还需要具备承担心理健康教育的功能。

4. 具备心理健康教育功能

中小学校园心理微电影的基本功能的定位必须立足于它自身独特的需要，即心理健康教育功能。目前，大部分校园心理微电影在创作上还没有意识到要着重挖掘它的教育功能，但也已经有一部分创作人员开始重视微电影的教育属性：一方面，中小学校园心理微电影的发展依然存在许多不足，很多理论体系尚未成型；另一方面，它在心理健康教育功能上更加拓宽了中小学教育的思路，存在巨大潜能。

## 第三节　中小学校园心理微电影的创作和运用

微电影是用电影手法讲述篇幅短小的故事，但银幕外的世界会比电影作品更真实。在中小学校园里，校园心理剧或者其他形式的心理健康教育手段的研究和发展要比心理微电影成熟许多。但是，校园心理剧里，当演员离开舞台之后，观众不会把舞台上的表演延伸到自己的生活中。微电影更像是窗户，透过这扇窗户，观众可以在自己的生活中看到电影的一些片段，即使电影已经结束了，观众依然可以回忆出演员痛苦、忧郁或者兴高采烈的表情。客观上演员并没有表演出来的画面，却能让观众感受到十分真实，仿佛就发生在他们面前。心理微电影可以达到延伸画框的目的，应用于表达心理活动就非常有效。

### 一、中小学校园心理微电影的创作

中小学校园心理微电影的题材必须来源于实际的生活，虽然在实际拍摄制作的时候涉及的参与对象更广泛一些，可以是中小学相关人员，也可以是专业演职人员，但是微电影的目的不单是提高参与人员的心理健康水平，它更加注重观看者对电影的感受和体验的效果。所以，中小学校园心理微电影创作主要考虑的是拍摄出来的效果是否能够触及观看者的内心世界，促进其心灵成长。

正如悉德·菲尔德所言，"一个电影导演可以拿到一部伟大的电影剧本拍摄成一部伟大的影片，他也可能拿到一部伟大的电影剧本而拍摄成一部糟糕的影片。但他绝不可能拿到一部糟糕的电影剧本而拍摄成一部伟大的影片"。[1]一部好的剧本将决定一部微电影的质量、意义和价值,如果不考虑电影效果问题,只是想要表达思想和主张,那么就没有必要把创作水准提升到微电影的层次。所以,中小学校园心理微电影的创作从剧本编写开始,必须立足于微电影专业制作的水准。编写一部高质量的剧本并不是一件容易的事情,最简单的做法是借鉴和参照优秀的剧本,进而开发自主原创和自主探索的作品。

(一)主题的选定

创作一部微电影剧本首先需要一个想法,从根本上说微电影可以自由地表达思想,有了想法之后就可以考虑用一个主题来戏剧化地表现出来,开始考虑故事讲述什么,如何设置剧本中的人物、场景和动作,所以说主题是剧本编写的起点。剧本需要把一个明确的主题贯穿始终,即关于什么人做了什么事或遭遇了什么的故事。

编写微电影剧本时,主题的选定尤其重要,衡量主题的一个重要标准是能否得到观众的认同和共鸣,是否符合大众的审美观以及社会主流的价值观。在创作中小学校园心理微电影时,可以通过身边事件、社会存在问题、新闻媒体事件等获得主题灵感,选取某个符合需要的角度进行编写。不管选择叛逆、梦想、人际、励志,还是心理疾病的主题,都必须是明确而且唯一的。因微电影的篇幅较短小,所以在主题设定上可以对形式和结构进行扩展,如把焦点放在主人公身上,突出一些细节和支线。如果有两个及以上的主题,电影内容往往过于饱和,使得内容表达不全或者节奏局促匆忙,影片效果不佳。

中小学校园心理微电影的选题可以通过以下三种途径选定:

1.选择距离自己生活经验较近的主题

编写剧本不一定只能描写自己亲自体验过的生活,但必须立足于生活经验。虽然电影手法可以跳脱出诸如时间、空间等很多框架的限制,再加上现代特效技术的运用,可以极大地表现编剧天马行空的想法,但是如果心理类型的微电影缺乏现实生活经验支撑,往往让观众觉得难以理解,更无法实现心理微电影的基本功能。编剧选择与自己生活贴近的主题更容易获得观众的认同和共鸣,而且也能更好地处理微电影制作的各种问题。心

---

[1] 菲尔德. 电影剧本写作基础[M]. 钟大丰, 鲍玉珩, 译. 北京: 北京联合出版公司, 2016: 283.

理微电影通过塑造戏剧人物形象表达创作思想，编剧必须具有电影思维，能对演员的形象、动作、细节、画面的色调、故事节奏等方面进行判断和选择，保障电影取得良好的效果。比如，如果选择一个关爱自闭症学生的主题，编剧除了要具备对自闭症本身的理论认知，还必须了解这样的学生在学校生活中的人际交往、行为、感受、情绪等情况。尽管编剧不是这些学生的老师，但是可以通过实际生活中的案例进行经验学习，这样创作的剧本故事将会更加真实。

2. 通过调查研究搜集主题素材

书报、访谈、观察等调查研究会启发某些想法和灵感。微电影是一种具有观赏性的艺术作品，是为了满足人们某种需要而产生的。编剧通过调查可以对人物、故事、情景有所认识，对电影中细节的刻画有所依据。更重要的是，进行调查可以更好地明确创作思想是否符合主流思想。比如，在中小学校园心理微电影里，不以心理健康教育为主题，反而是直接挖掘性、暴力、人的本能欲望等内容，那么这样就超越中小学校园心理微电影的主题范围，而且会对未成年人产生负面影响。

3. 根据社会事件来确定主题

社会事件分为两种：一种是普遍事件，另一种是影响广泛的大事件。

普遍事件是指整个社会普遍存在的某种事件，心理学可以从社会心理、从众心理、民族心理等角度去探讨与这类事件相关的心理现象和问题。这种主题符合社会主流价值观，并且容易引起观众的共鸣并对自身的心理状况进行审视和反省。普遍事件是当前国内公益广告视频最青睐的主题。比如"孝"是我们中华民族的传统美德，一则给老人端洗脚水的广告提示父母们应该给孩子做出榜样。普遍事件作为选定主题的素材来源，只要是有益于中小学心理健康教育意义的主题都是值得编剧们去思考的。

影响广泛的大事件是指一段时间之内在社会大众当中造成持续关注、热议，甚至参与事件后续相关的重大事件。影响广泛的大事件往往会在一段时间内影响人们的心理状况，尤其会引起诸如伤心、愤怒、兴奋等各种情绪。影响广泛的大事件给人所带来的情绪和行为往往也反映社会心理状态，受到事件影响而产生的个人思想、感情和行为恰恰是需要被认知的自身心理投射。当然，社会心理的主题太大，中小学校园心理微电影只需要从中摄取自己需要的部分当作剧本的主题即可。

（二）剧本编写格式

写好微电影剧本，要掌握剧本写作的一些基础知识。微电影剧本的格式尚有争议，很多微电影编剧各持己见，创作出了各种各样的剧本。正如大家可以参考到各种文章列举的案例那样，每一种剧本都有不同的格式。中小学校园心理微电影剧本创作不妨借鉴一种比较成熟的微电影剧本创作格式，把握四个基本构成要素：场景、人物、对话和动作。

心理微电影剧本以文字描述整部影片的人物和动作内容，其基本格式为：首先要交代时间、场景、人物，其次标注情态描写，最后为人物之间的对白。剧本创作过程中采用一些术语，可以使得剧本看起来更加专业。下文以微电影《田埂上的梦》为例，简析如何采用一些术语创作中小学校园心理微电影剧本。

1. 远景

远景是用来交代周围的环境。《田埂上的梦》开篇呈现了 20 秒左右的乡间画面：远山、田埂、远处追逐奔跑的孩子、田野中的牛等。结合旁白的解说，把故事带到了小山村的情境当中。所以在编写剧本的时候首先要写明场景、人物、语言、动作等要素，并注明使用远景镜头，那么导演和摄影就知道如何拍摄了。在中小学校园里，如果编剧与导演不是同一个人，使用术语创作的剧本能够让导演了解编剧的意图而构建故事画面。作为摄影人员，通过剧本也可以知道如何拍摄。当然，剧本的指导提示语也不宜太多，因为很多时候导演更希望按自己的方式去拍摄。

远景镜头是很多微电影剧本开篇入场的常用手法。开阔的自然风景、人头攒动的街头、长长的校道等元素呈现在画面中，基本上就把事件发生的时间、环境、气氛交代清楚。远景适用于剧本第一幕，一旦开篇设定好，后面的故事场景就有了立足点，能够循序渐进地展开。当然，远景也并非仅用于微电影开篇，根据故事的发展需要，镜头的使用是随时可以变换的。

2. 拉近镜

拉近镜是将原来中景或远景的镜头快速拉近焦距，变为普通特写或大特写。开场过后，微电影讲述的故事肯定要逐步引向主题和主角。所以，剧本第二幕要把基本要素交代清楚，可以使用拉近镜的手法把画面移到主角身上。微电影剧本创作过程中，一般常用拉近镜的手法把故事场景切入主题，使画面看起来流畅而自然，人物、对话等各种要素随着镜头的拉近逐渐变得清晰起来。所以，剧本的创作不需要像小说那样把事物描述得非常细致清楚，而是确定了镜头之后再创作人物的对白。

3. 特写

特写是一种电影拍摄手法，即拍摄人或物的一部分，使其特别放大。当故事画面聚焦到特定的事物或人物身上时，往往也就让人联想到故事的核心就是围绕这个事物或人物发生的。中小学校园心理微电影剧本的创作需要更多的特写镜头，它能抓住人物或事件的某一特征，以突出的描绘和精细的刻画手法拍摄一个画面。从描述心理活动的角度来说，面部特写具有强烈的感染力。

微电影《田埂上的梦》用拉近镜的手法聚焦到主角身上，在第38秒的时候对主角的面部进行特写，主动展示了主角的梦想、憧憬等心理活动。这个时候，其他一切背景都模糊化了，只剩下主角的表演艺术在感染观众。中小学校园心理微电影的剧本创作中需要刻画人物的心理活动时，采用特写镜头表达是一种非常有效的手段。

4. 跳轴镜头

跳轴镜头是两个镜头机位改变，变换摄影机拍摄的角度。这是根据画面需要从不同角度去看人物，使微电影构筑的画面更具有客观感、艺术感和真实感，层次更加丰富。微电影《田埂上的梦》在1分22秒至1分26秒间使用了跳轴镜头，从不同角度拍摄主角，视角的变换更容易让观众代入。在剧本创作中使用跳轴镜头，再配合其他镜头的效果使用，往往能够让观看者产生较强的代入感。

5. 接开镜

接开镜是指镜头从大特写或中景特写突然变回中景或远景。事实上，微电影主要的画面并不是描述人物面部特征的特写镜头，需要时不时把更多的故事元素纳入画面当中。接开镜就是由局部画面转入整体画面的拍摄手法。

微电影剧本创作的术语不仅这些，每一个画面也不止采用一种镜头手法。所以在拍摄微电影的时候，每一个场景都尽可能用不同的手法拍摄多条视频，呈现出丰富的电影画面。中小学校园心理微电影剧本创作中，同样需要设定场景变化，每一个场景的描述采用相应的术语，这对微电影拍摄具有很大的帮助。

（三）剧本内容编写

中小学校园心理微电影剧本主要是根据人物的心理活动变化来进行创作，把握故事创作的基本线索、基本要点和基本原则也就能把握剧本的内容创作。

1. 基本线索

心理微电影剧本创作的基本线索有两种：第一种是把过去、当下和未来等各种场景相互交错穿插起来，以时间为线索刻画人物的内心世界；第二种是立足于人物的主观意识活动，把现实和虚幻世界连接起来，通过回忆、联想、梦境等方式刻画人物的心理活动和内心世界，不受时间和空间的约束。

时间线索可以采用顺叙、倒叙、交错叙事等方式展开。从故事逻辑的角度来看，采用时间线索叙述会使故事的展开更具逻辑性，让观众一目了然。人脑会自行对不同时间的场景进行整合，构建符合自己理解的认知逻辑，最终能理解电影画面意义。这种以时间为线索推进剧情的创作方法比较简单，但需要保证前后剧情逻辑自洽。

以人物的主观意识活动为线索的手法具有更大的想象空间。人的主观意识可以突破一般的时间和空间限制，甚至可以突破常规的认知逻辑。例如，用影像的方法展现零散的意识碎片，却又让人觉得理所当然。心理微电影剧本内容创作可以对意识影像化的场面和片段进行分切和编排，再组合成为一个完整的故事。表达回忆、联想、内心冲突等内心活动可以采用反复手法，特别是描写人物激动的心理状态或者病态的心理过程时，可以跳脱理性的逻辑和时空的框架。主观意识活动线索可以在此刻讲述过去的心理经历，接着下一秒又回到当前的内心活动，使观看者可以立刻明白事物之间的联系。

这两种线索类型不是绝对独立的，而是可以交叉使用的。心理类型微电影的内容创作需要足够的想象力，将不同线索类型结合起来，反复呈现不安定的精神状态和不可信的逻辑推理。即便讲述的是一个脑海中满是错觉的精神病患者的故事，也要使电影故事内容看起来真实且自然。中小学生的心理活动、情绪、情感表达等状态富有极大的跳跃性，使用线索结合的手法往往能够更深入地刻画人物的心理过程。

2. 基本要点

心理微电影剧本创作主要把握两个基本要点：一是塑造一个形象生动、吸引观众的中心角色；二是创作一个简单且充满张力的故事主线。

主人公在微电影的地位和作用毋庸置疑，塑造心理微电影的主人公形象非常重要。主人公的经历和丰富的内心活动能让观众进入故事，而故事的主人公是否能够深入人心，实际上要看主人公能否让观众产生认同感。观众能代入主人公的世界，对角色的经历产生共情和认同感。当主人公的形象被认同之后，心理微电影也就成功了大半。人们对心理学总有一种特别的期待，对自身心理的认知欲越来越强烈。心理微电影成功的人物形象塑造正好满足了这样的需要。

心理微电影的成功不仅依靠形象塑造，还需要一个充满张力的故事主线，即合理的故事节奏感。合理的故事节奏能把故事推向高潮的冲突，也能把握好稍微缓和的次要矛盾，所谓张弛有度就是这个道理。人的情绪不能一直持续在喜、怒、哀、惧的状态，心理微电影故事内容的创作也不能一味追求强烈的戏剧冲突，紧张与轻松之间需要有过渡，悲喜情绪之间的过渡会使得剧情层次更丰富，剧情更为曲折，能够牢牢抓住观众的情绪对一部微电影来说十分重要。

心理微电影的篇幅短小，不足以描述太多的情节，但又必须要刻画细节。因此一个形象生动的电影主角，他（她）所表演的每个细节，所要表达的思想必然能够让观众印象深刻。大多数心理微电影都会有一个突出的主人公，并且主人公最好是唯一的。以主人公的角度去呈现心灵发展的线索，同时要使微电影的故事更加简洁。这两个要点运用恰当，剧本的内容也会变得简洁而饱满，讲述精彩纷呈的故事。

3. 基本原则

校园心理微电影是在一般微电影的基本理论和技术基础上逐渐形成的一种具备自身独特属性的艺术形式，剧本在创作实践操作中需遵循自身独特的基本原则。

第一原则是电影主题紧扣心育内容。校园心理微电影的创作以心理健康教育为目的，只要紧扣心育的内容，基本上就能够把握校园心理微电影的主题范围。让剧本紧扣心育最方便的做法就是参照教育部关于中小学心理健康教育总目标的描述：提高全体学生的心理素质，培养他们积极乐观、健康向上的心理品质，充分开发他们的心理潜能，促进学生身心和谐可持续发展，为他们健康成长和幸福生活奠定基础。

第二原则是剧情包含明显的心理冲突。校园心理微电影必须充分利用短暂而简洁的剧情把人物心理冲突、情绪、情感影像化，这就要求剧本创作的时候必须侧重于心理冲突的表达，以强烈画面感冲击观众的心灵。校园心理微电影剧本创作不能把剧情浪费在细腻的氛围烘托和晦涩的暗示性画面的描述里，这对于演绎者和观看者的意义不大。在心理微电影短小的篇幅里，演绎者和观看者都会更加追求直白的内心感受和体验，所以校园心理微电影剧本的创作必须着重心理冲突。

第三原则是运用心理学的道具。校园心理微电影的独特属性要求电影剧本的创作不仅是叙述一个故事，而且要尽量运用心理学道具来表达心理微电影的独特属性。在心理健康教育中，不管是表演展示还是活动教学，所用到的心理学道具几乎都可以运用到心理微电影剧本创作当中。心理微电影在一定程度上可以说具有突破时空、现实和客观条件限制的特点，比如可以使用镜子、椅子等道具呈现超现实的内心世界。所以，校园心理微电影剧本创作需要运用心理学道具来表现其独特的艺术形式。

心理微电影剧本创作通过描述人物的语言、表情、肢体动作实现心理健康教育目的，精心设计每一个细节，使人物特点鲜明，让观众有真实感。创作中小学校园心理微电影作品，需要把握好心理微电影剧本的基本线索、基本要点和基本原则。

**二、中小学校园心理微电影的运用**

如果说心理微电影最初只是一种给生活节奏加快的现代人提供偶尔休闲娱乐、获得信息或者表达观点的媒体方式，那么当下，心理微电影的实用意义已经变得更加广泛和深远。在中小学校园里研究如何运用心理微电影参与学校心理健康教育教学体系建设将会成为一门课题，而这门课题要解决中小学校园里的师生心理问题，并且延伸到家庭、社会中的各种心理问题。

（一）应用于发展中小学心理健康教育体系

心理健康教育是一门关于人的发展的艺术，这门艺术是运用心理科学的理论与方法构筑一个教育系统工程。教育对人的心灵成长具有长期影响力，心理健康教育工作要在点点滴滴的培养中完成教育的目标和意义。校园心理微电影以心理理论作为指导，为心理健康教育尝试一个新方法，为心理健康教育科研工作发现一个新课题，为心理健康教育形式打开一个新思路，是促进中小学心理健康教育体系发展的新事物。

目前，中小学校园心理微电影的应用方式主要有两种：一种是以教育媒体素材的方式供教师教学使用，以及供学生学习和欣赏使用；另一种是以比赛活动的方式让师生参与创作和制作，达到相关的教育意义。这两种方式也是其他科目在教学中比较常用的手段。但是，心理微电影自身的特点决定了它还可以为心理健康教育尝试的新方法。比如，可以尝试一种制作心理微电影的课堂教学方法，也可以在心理微电影创作阶段就开始设计课程。假设一个班级在一定时间内需要落实某个心理健康教育课主题，那么就可以以这个主题制作心理微电影，课程阶段设置为：第一阶段是分工合作。既可以达到增强学生合作意识的教育目的，又可以调动全班学生的参与性，还可以为进一步深入探讨相关主题做准备。第二阶段是相关心理理论学习。心理微电影故事创作涉及的心理理论知识，这会让所有学生有一个认知和讨论的过程。第三阶段是拍摄场景教学。当每一个学生成为心理微电影制作的参与者时，课堂就可以突破教室等界限延伸到更广阔的空间，而教师和学生不仅是心理体验者，更是创造者。第四阶段是成果欣赏和反思。当心理健康教育课主题变成一部简短的微电影时，所有的学生坐下来欣赏自己的创作成果，分享收获和讨论得失，心灵也就得到了升华。这个教学方法是一种方法假想，教育教学的发展进步需要大胆想象和实践，所以只要方法得当，都可以有效地落实心理健康教育的要求和目的。

心理微电影本身就是一个新生的事物，它为中小学校园教育科研课题研究工作开拓了一个新的研究领域。中小学教育工作者在日常的教育教学工作中应该能够发现心理微电影的功能和价值。心理微电影科研课题研究除了不断提高教育工作者自身的素质，还将不断完善中小学校园心理微电影发展的理论体系，推动心理健康教育工作向前发展，具有实实在在的理论操作性和实践价值。

中小学心理健康教育形式主要有心理游戏、案例分析、角色扮演、行为训练等，而心理微电影的兴起势必为心理健康教育形式打开一个新的思路。教师和学生在筹划心理微电影拍摄工作的过程中不仅让心灵得到成长，他们势必也会站在更高的高度，去创作能够影响别人心灵的作品。也就是说，心理微电影将会带动主创团队通过对相关心理理论进行认知、实践等环节，最后汇总于一部经过大家反复深入研究的微电影成果当中。这个过程已经超过了一般的心理健康教育形式所能达到的目的，对于参与微电影制作的人来说，教育意义将会更加深远。相信随着校园心理微电影的成熟和发展，这样的思路必然可行。

中小学校园心理微电影的发展已经为现代心理健康教育体系的发展提供一种可供利用的载体，不管将来它的发展如何，都是完善中小学心理健康教育体系发展过程中有意义的一部分。

（二）应用于减压、矫正和解决典型心理问题

学校心理健康教育强调预防、缓解、发展效果，即预防学生出现心理问题，缓解或消除学生已经出现的心理问题，促进学生心理发展。当下，教师心理健康问题也被纳入学校心理健康教育工作内容，所以，学校心理健康教育工作将要承担更多的责任。校园心理微电影可以同时涉及教师和学生两个对象，对减压、矫正和解决典型心理问题方面的作用具有其自身的特点。

一般情况下，中小学校园心理微电影创作离不开专职心理工作人员的理论指导，所以在组织筹划拍摄微电影的团队里必然包含教师和学生。对于主创团队成员而言，教师不仅是心理学知识的传授者，更是心理学理论实践的尝试者。在微电影创作过程中，教师对心理学的感悟和理解都会得到很大的提升，对自身心理的认知和理解也有所帮助。学生在这个过程中不仅是知识的学习者。不管学生担任的是摄制组成员还是演员，他们必然经过与同伴讨论和不断修正看法的过程，最终达成共识。此外，再加上微电影拍摄过程中的心理体验，他们的心理成长速度会快于一般的心理健康教育手段所发挥的作用。

另外，从专业的角度上讲，不同类型的微电影会考虑特定的观众范围。校园心理微电影首先要面向中小学校园里的师生，即使这样的题材可以面向社会大众，但是基于校园心理微电影发展的起源，最好还是始终能体现它的本质作用。所以，一部优秀的校园心理微电影对解决在校教师和学生普遍的心理困扰以及矫治典型心理问题方面应具有良好的效果。学校心理健康教育的其他手段往往不能大范围地起作用，特别是心理辅导和心理咨

询，一方面是因为心理辅导和心理咨询没有足够的时间和空间给师生提供多次咨询辅导的机会，另一方面是因为有一部分师生出于观念和防卫心理，自动放弃获得咨询辅导的机会。

校园心理微电影是中小学心理健康教育发展的新形式，用艺术的方式巧妙展现各种心理和行为，潜移默化地实现心理问题的预防和矫治，这是一种行之有效的实现心理健康教育的途径。微电影主题贴近生活，很容易引起师生共鸣。微电影从开始筹划的阶段就能够引起其他师生的关注和期待，甚至有人还会对其寄托某种诉求，这使得电影效果加强。微电影可供多人共同分享，也可以个人自己体验，这可以消除担忧。总而言之，学生可以更多、更自由地从观看心理微电影中获得成长，教师也获得更多了解学生心理的机会，同样获得了了解和提升自己心理的机会。因此，校园微电影天生具备良好的预防和矫治心理问题的效果。

（三）应用于心理健康教育教学新型课程的开发

单纯以教育方式、手段而论，心理微电影的确打开了一个崭新的思考方向，如果设想可行，那么围绕心理微电影可以开发相关的新课程。比如，心理微电影艺术欣赏课、心理微电影拍摄技术课、心理微电影剧本创作课等。以现有的研究成果作为教学理论基础，同时以校本课程的形式研究和开发相关课程内容。这既是校园心理微电影理论体系研究的补充和推进，又是学校自主研究开发课程的新途径。

# 第四节　中小学校园心理微电影的发展前景

微电影兴起以后迅速与广告相融合，并极大地获得发展，广告行业率先看到了微电影的潜力，从而拓宽了自己的商业版图。紧接着各个领域、行业纷纷探索自身与微电影的结合点，短短几年里微电影作品的数量以超百倍的速度发展，有力地推动我国文化产业的发展壮大。微电影制作的行业化、专业化趋势将会越来越明显，在这样的背景之下，心理健康教育领域与微电影也很快找到了一些结合点。比如，校园心理微电影大赛几乎在微电影诞生之后不久就开始出现，而且逐渐在校园里成为常规活动。只是相对其他领域，校园心理微电影的发展方式还比较单一，势头也并没有那么强劲。尽管如此，随着我国微电影产业价值不断扩大，各种需求也会搭载这个新兴产物迅速增长，为了满足需求，势必推动微电影产业链不断拓展和延伸到各个领域，并最终走向成熟。到那时，校园心理微电影必然也会加快发展的步伐，迅速成长成为学校心理健康教育体系里重要的一部分。

与媒体教学类短视频的素材不同，微电影在诞生之初就向着专业化的目标构建自身的理论体系，这也意味着终有一天它会成为一种能经久实用的必需产物。当下，中小学校园心理微电影之所以发展相对缓慢，是因为它毕竟是一种新的事物，在它尚未兴盛之时就已经遇到瓶颈。微电影一定要用电影制作的专业化程度来作为标准，时长、成本、制作步骤等必须遵循它的标准来进行。在当下的中小学校园里，目前还没有专项投入研究和实践心理微电影的先例，至少在专业化标准上难以达成。随着现代化学校的建设和发展，一定会很快结束这样的窘境，心理微电影会迎来大发展的契机。

中小学校园心理微电影的功能、用途、意义、形式等各种相关体系正在逐步形成和发展，正因为这样，它需要在实践中不断进行深入研究、探索和追求，推进整个心理健康教育工作的发展。

## 第五节 中小学校园心理微电影剧本案例

**心理微电影剧本一：《国王郝帅》**

【人物】

郝帅（高一某男生）、梅丽（高一某女生）、油条、汉堡、班花、心理科代表、班长、群众3人、郝帅替身（男主角心中的另一种声音）。

【道具】

魔方、镜子、纸条、抽签盒、盆栽鲜花、篮球、信纸、瓶装矿泉水。

【剧情简介】

这是一个关于青春、成长、友善的欢乐故事。男主角郝帅是一位活泼、幽默的高一男生。在心理课的游戏"国王与天使"中，通过随机抽签，他成了女主角梅丽的天使。以貌取人的他嫌弃梅丽的长相，拒绝执行天使任务（即帮助自己要守护的国王）。与此同时，作为国王的他，认为守护他的天使应该是貌美的班花同学。两周后的心理课，在"天使见面会"上，随着天使与国王守护关系的揭晓，郝帅改变了对梅丽的看法和对美的评判标准，他的心亦因友善而从"国王之心"晋升为"天使之心"。

【授课目标】

1. 引导学生认识到善良和真诚是受人欢迎的最重要的原因。
2. 帮助学生将审美的重点从外貌美转移到心灵美上。
3. 促使学生愿意带着愉悦的心情去帮助人。

【台本】[1]

第一幕　抽签

场景：教室

下课铃响起，同学们在走廊上玩耍。教室里，郝帅在照镜子，女主角梅丽在玩魔方。

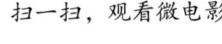

扫一扫，观看微电影

郝帅：唉，每天都被自己帅醒真是个烦恼！

油条：你就只会照镜子吗？

汉堡：哈哈！

（上课铃声响起）

心理科代表：同学们，这节心理课我们玩一个"国王与天使"的游戏。每个人都要扮演天使，抽签选择自己要守护的国王。

班长：天使要隐藏自己的身份，默默帮助国王。

班上开始躁动，同学们都很期待，兴奋地大叫起来。

郝帅：什么意思？

汉堡：天啊！

油条：真想不到啊！

群众演员1：科代表，班里一共有多少位国王啊？

心理科代表：每个人都既是国王，又是天使。

群众演员2：班长，国王知道自己的天使是谁吗？

班长：不知道，所以大家要保密哦。

心理科代表和班长走下讲台，拿抽签盒给大家抽签。

---

[1] 微电影拍摄过程中，对台本进行了少量修改，与原定版本有出入。

（镜头一：班花和梅丽是同桌，正说着悄悄话）

班花：梅丽，抽到谁了？

梅丽：不告诉你！（害羞）那你呢？

班花：嘻嘻，我也不告诉你！

（镜头二：汉堡和油条抽完签后露出惊讶的表情）

郝帅：保佑我抽到班花！

（镜头三：郝帅打开纸条看到"梅丽"二字，笑容消失，他转头对后桌的汉堡和油条抱怨）

汉堡：郝帅，抽到谁了，脸色这么难看？

郝帅：梅丽！

汉堡：怎么了？

郝帅：本少爷才不会为她做任何事呢！我只想做美女的天使。

班长：好了，大家都抽到自己的国王了吧。

心理科代表：从现在开始你们要默默帮助自己的国王，但要做好保密工作，两周后举行国王与天使见面会。

### 第二幕　守护

场景：篮球场

郝帅落寞地坐在篮球架下面。汉堡走过去拍了他的肩。

汉堡：郝帅，你怎么了？

郝帅：唉！

（回忆镜头　场景：心理教室）

评委：你好，请展示你的才艺。

（三个特写镜头，郝帅唱了几句歌词）

评委：对不起，你落选了。

（镜头切换至现实）

郝帅：事情就是这样。

汉堡（大笑）：就你这"破音王"还想通过？哈哈！

郝帅：不许笑！

（这时校园广播响了起来："下面这首歌送给高一（7）班的郝帅同学，希望他不要被挫折打倒，快振作起来吧！"随后，音乐响起）

郝帅（发愣）：送给我的？

郝帅：一定是班花点的歌，哈哈！

（郝帅抢过汉堡的球，朝前跑去）

汉堡：你去哪？

郝帅：打球！

汉堡：变脸真快，等等我。

（两人在夕阳下奔跑，梅丽出现在广播室。镜头回放：梅丽看见郝帅落选，于是她去广播站排队点歌。看到郝帅恢复了心情，梅丽笑了）

## 第三幕　约定

场景：图书馆三楼小花园

梅丽在一边浇花一边唱歌。郝帅突然闯进来对着阳台外大喊大叫。

梅丽：郝帅，你怎么了？

郝帅：你也是来笑话我的吗？

（梅丽不解地看着他）

郝帅：呵呵，成绩出来了，你这个第一名当然不能体会我这个倒数第三名的感受！

梅丽：我知道你很难过，但是一次失败并不代表什么。

郝帅：道理我都懂，可我就是害怕看到父母和老师对我失望的眼神！

梅丽：那就拿出你的实力证明自己！一次失败并不代表什么。努力不一定成功，但放弃一定失败！

郝帅：真的吗？

梅丽：嗯！

郝帅：但……

梅丽（大喊）：啊！我要考去上海的学校！

郝帅：你疯了？

梅丽：对，一起啊。你不是最想考上复旦大学吗？喊一嗓子，发泄一下。

郝帅：有用吗？

梅丽：试试不就懂了。

郝帅：我要去上海！

梅丽：我要考复旦！

郝帅（独白）：那是我第一次发现梅丽原来也很美！

郝帅：我要考上复旦大学！

梅丽：我们要考上复旦大学！

（两人一起笑）

### 第四幕　见面会

场景：下课后的教室

汉堡：等下心理课要揭晓国王与天使啦！我好期待啊！哎，你猜到你的天使是谁吗？

（郝帅发愣地照着镜子）

郝帅（独白）：难道我的天使是……不可能，我的天使一定是个美女！

郝帅（站起来）：人呢？

（整个教室只剩郝帅一人，有一只手搭在他的肩膀，郝帅回头）

郝帅：你是谁？

郝帅（替身）：我是另一个你啊。

郝帅：哈哈哈，一点都不好笑。

郝帅（替身）：那你为什么能看见我呢？

（郝帅笑容消失）

郝帅（替身）：看着我的眼睛。你真的那么讨厌梅丽吗？

郝帅：当然了，她长得又不漂亮，我为什么要喜欢她？

郝帅（替身）：那如果她是你的天使……

郝帅：不可能！

郝帅（替身）：难道你就没有在某个瞬间觉得她美丽？

郝帅：我……

郝帅（替身）：难道内在美真的比不上外在美？

郝帅：我不知道。

郝帅（替身）：你知道的，你一定知道的，问问你的心。

（郝帅发愣。吵闹声恢复）

（郝帅坐着。画外音：郝帅，郝帅！）

汉堡：你怎么了？

（上课铃响）

郝帅（回过神）：没事。

心理科代表：同学们，又到了心理课，咱们要相互揭晓国王与天使啦！

（全班躁动。心理科代表开始抽签，打开纸条）

心理科代表：安静，首先有请我们的班长。

（班长起立）

心理科代表：班长，猜猜谁是你的天使，共有两次机会。

班长：我猜是油条，他帮我修好了电脑。

心理科代表：请班长的天使起立。

油条（起立）：不用谢！举手之劳。

班长（鞠躬）：谢谢。

（众人鼓掌。心理科代表再抽签）

心理科代表：下面有请郝帅国王。

郝帅：我猜是汉堡！他在11月11日为我的说说点赞。

汉堡：那是必须的，你说认为你是天下第二帅的请点赞，既然你已经承认了我是天下第一帅，我能不点赞吗？

郝帅：……

汉堡：所以，我不是你的天使。

郝帅：我猜是班花，她在我不那么帅的时候给我点了首她最爱的歌。

（众人起哄）

班花：郝帅同学，我可没有为你点过歌！

（众人哄堂大笑）

郝帅：那我不懂了。

心理科代表：下面有请郝帅国王真正的天使现身。

（梅丽起立）

郝帅：居然是你！

心理科代表：请天使陈述这两周做了哪些事帮助国王。

梅丽：我给我的国王点了一首歌。

郝帅：难道是那首《奇迹再现》？

梅丽：我给我的国王写了一封赞美信。

（郝帅从口袋里掏出信，露出惊愕状）

心理科代表：下面请国王对天使致谢。

郝帅：谢谢你，梅丽同学。是你让我见识心灵之美的魅力。

汉堡：现在不嫌弃人家不够漂亮了？

郝帅：看到了你因真挚而灿烂无比的笑脸。可是作为你的天使，我却没有帮助过你。梅丽同学，抱歉。

班长：没关系，课后我们可以自行把这个游戏进行下去！现在请同学们起立，向身边人鞠躬以示感谢。（鼓掌）

心理科代表：下面，请大家谈谈在这个游戏中的收获。

（汉堡举手，站起来）

汉堡：我先说！我觉得只要我们怀着一颗真诚、善良的心去生活，就可以变成美丽的天使。当你给同学讲解一道习题时，你就是这位同学的天使。

（插入画面：梅丽给郝帅讲题）

群众演员1（起立）：当你在班上展露笑容，把愉悦传递给身边同学时，你就是我们班的天使！（插入画面：郝帅伤心，梅丽变魔术逗他）

班花：当你走在校园里，弯下腰捡起地上的纸屑时，你就是这个校园的天使！（插入画面：郝帅像投篮似地扔纸屑。）

心理科代表：让我们挥动天使的翅膀，使爱与正能量充满我们的校园吧！

（全班热烈鼓掌）

画面台词：善良，是心灵最美的装扮。

【点评】

本剧的男主角从一个只注重外貌美的高中生，成长为一个拥有天使般心灵的男子汉。本剧心理活动有趣、神秘，情节引人入胜。剧中各同学的形象生动活泼，贴近中学生实际生活。剧本语言幽默诙谐，令人忍俊不禁。观赏全剧，观众们在收获快乐的同时，得到了为人处世的启示：善良、真诚是人际交往中受人欢迎的最佳品质。本剧使用的心理剧技术较单一，只使用了替身技术。替身被称为主角的另一个自我，代表主角内心隐藏的想法和情感。本剧替身通过质疑男主角"难道内在美真的比不上外在美"这一想法促使其内心成长。

**心理微电影剧本二：《标签》**

【人物】

初中男生小哈、爸爸、班主任、路人、心理老师、若干名同学。

**【道具】**

香烟、桌子、书包、作业本、镜子、纸质标签（便利贴）。

**【剧情简介】**

小哈是一名初中二年级的学生。父母忙于工作，在生活上很少照顾他，他成绩不好父母便出手打骂。在路人眼中他不懂礼貌、家教不好；在老师眼中他懒散颓废、屡教不改、没有上进心；在同学眼中他不合群、成绩差。渐渐地，被贴满各种消极标签的小哈看不到自己的价值，甚至看不到前方的路。终于他鼓起勇气走进心理咨询室，在心理老师的帮助下勇敢地撕掉别人给他贴上的标签，在镜子前重新看见焕然一新的自己。小哈带着欣喜和释然，若有所悟地离开咨询室，开始认真地思考和规划自己想要走的路。

**【授课目标】**

通过本剧，帮助初中生勇敢面对客观真实的自己，跳出人为"标签"的定义，重获自信与信念，积极面对生活中的问题，努力成为更好的自己。

**【台本】**[1]

扫一扫，观看微电影

第一幕

初中男生小哈站在客厅里，得知儿子考试成绩的爸爸坐在沙发上，一只手拿着烟，一只手拍打桌面激动地教训儿子。

爸爸（将试卷扔在地上）：38分！怎么回事？你是蠢货吗？你这已经无可救药了，你知道吗？我现在对你失望透顶！38分，你就这样继续下去吗？

爸爸将"蠢货""无可救药"的标签逐个贴到小哈的脸上。

第二幕

场景：小哈背着书包走在路上，迎面走来一个路人。路人将小哈撞倒在地，小哈一言不发。

路人（破口大骂）：哎！怎么走路的？没长眼睛的家伙，知道怎么说对不起吗？一点儿礼貌都没有。

---

[1] 微电影拍摄过程中，对台本进行了少量修改，与原定版本有出入。

（路人俯身给小哈贴上"没长眼睛""没有礼貌"的标签。路人继续抬头走路，小哈带着更多的标签，低着头默然离开）

### 第三幕

教室里，小哈坐在自己的位置上沉默不语，路过的同学露出嫌弃的表情，纷纷给他贴上"讨人嫌""异类"等负面的标签。

班主任拿着一沓作业走到讲台旁放下，并带着微怒拍了一下作业本，起身走下讲台径直来到还在发呆的小哈身边，给他贴上了"烂泥""懒惰""没前途"的标签，然后离开教室。

### 第四幕

小哈从密密麻麻的标签缝隙中隐约看到一点前边的路，他缓慢地走在一条长长的走道上，带着沉重的喘息艰难地前进着。

### 第五幕

心理咨询室内，心理教师小心地为小哈撕下遮在眼睛上的第一张标签，并带着小哈慢慢转向镜子前，陪伴他看清自己后离开。

小哈对着镜子，鼓起勇气试探着继续撕下贴在自己脸上的其他标签。

撕下部分标签后的小哈变得更有自信，他深吸一口气，从凳子上站起来，看着镜子中的自己，更坚定地快速撕掉贴在身上剩下的所有标签。

小哈看着镜子中焕然一新的自己，微笑而自信地走出心理咨询室。

### 第六幕

学校观光走廊边。小哈一路跑到观光走廊，倚靠栏杆，轻松而发自内心地笑了，他双眼有神地向远处眺望。（旁白文字：勇敢做自己）

### 【点评】

初中生正处在身心快速成长及敏感的青春期，其世界观、人生观尚未形成，判断力、独立性也较差，极有可能会被父母、老师和同学的态度与言行所影响。当他们被人为地贴上了某种标签时，他们的行为也会向所贴的标签内容方面发展。这种"贴标签效应"在我们的生活中很常见。

片中心理老师的陪伴与参与不仅能够帮助学生撕掉"标签"看到真实的自己，而且某种程度上也是一面镜子的化身，让学生看到自己改变的可能，因为"看见"，从而有勇气、有力量用自己的方式去过好自己的生活，成为更好的自己。

作品选取"标签"这一具有象征意义的名词进行深入浅出的刻画，虚实结合，抽象与具体均有体现，立意新颖，形式独特。作品采用很少的对白，却在视觉上更有冲击力，让观众可以专注于人物的动作和表情，从细腻、丰富的肢体语言中充分共情和解读内心。作品设计思路颇具创意，感染性强，剧情扣人心弦，观看之余回味无穷、引人思考。

**心理微电影剧本三：《幻》**

**【人物】**

黄小虎、班主任于老师、心理老师茉莉老师、体育老师志恒老师、女同学小美、若干各同学。

**【道具】**

虫子、书本、笔等。

**【剧情简介】**

学生黄小虎平时不爱学习，喜欢捉弄同学。他在课堂上做了一场梦，梦见自己拥有了超能力，并把超能力应用在了现实的学习中。从此，他学习态度变得十分的积极向上，实现了从懒惰到努力勤奋的大转变。

**【授课目标】**

让学生学会自我反思，培养学生努力学习的心理品质。

**【台本】**[1]

第一幕

场景：教室，课间

课间的教室里闹哄哄的，同学们有的在打闹，有的在说笑，好不热闹。黄小虎今天为女同学小美准备了特别的礼物——蟑螂。蟑螂在他手里倔强地挣扎着，显示出它顽强的生命力。他就这么大摇大摆地走向班里的女同学，扬起了手中的蟑螂，把它放到了女同学小美手上。

扫一扫，观看微电影

小美尖叫一声，连忙甩手把蟑螂弄走，其他女同学也注意到了面前的蟑螂，个个面露惊恐之色，也尖叫着四处躲闪。黄小虎看着女同学一个个花容失色，在一旁捧腹大笑。不久，黄小虎就被老师请去办公室了。

---

[1]微电影拍摄过程中，对台本进行了少量修改，与原定版本有出入。

### 第二幕

场景：办公室，课间

黄小虎站在办公桌旁，班主任于老师端坐在椅子上，表情严厉地看向黄小虎。

于老师：不要带这些乱七八糟的东西到学校来。蚯蚓、蜈蚣、毛毛虫、蜘蛛都是你带过来的，你当这里是生物馆吗？上课不认真听讲就算了，作业也不交，你都做什么去了？要是再有下次……

黄小虎（低着头，不住地点头认错）：我错了。

旁白：可是老师没有发现，他的嘴角不经意间微微上扬了一下。

### 第三幕

场景：教室，心理课上

茉莉老师在教授有关想象力的内容——放飞想象的翅膀，大家都听得津津有味。

茉莉老师：想象力是使我们的生活变得丰富多彩的一种很重要的能力。如果你能拥有一样东西，你最希望得到什么呢？

大家七嘴八舌地开始议论起来。此时，黄小虎边托着下巴边想："如果我能拥有超能力就好了。"

### 第四幕

场景：篮球场，体育课

黄小虎虽然活泼好动，但体育成绩并不突出。今天体育课上突然进行800米长跑、立定跳远、仰卧起坐等体育项目测试。黄小虎的平时成绩也就刚好及格，但这次他有了一点改变。

立定跳远时，大家排着队往前挪。黄小虎心想："我这次一定要跳远一点！"

到黄小虎的时候，只见他摆好姿势，甩手，垫脚……整个动作一气呵成，一下子跳出10米。大家看得都傻眼了。黄小虎也呆愣了好半天，直到听到志恒老师的叫唤才反应过来。

志恒老师：你刚才的动作大家都没有看清楚。来！再重跳一次！

黄小虎（内心独白）：不是吧，怎么回事？我怎么能跳那么远呢？不会是我有超能力吧。

为了验证自己的想法，他再次摆开姿势跳了一次，10米！没错！

黄小虎（内心独白）：哈哈，我拥有超能力了！

同学们（激动振奋）：哇，打破了学校的记录，按这个成绩简直可以获得世界冠军呢，我们学校出世界冠军了啊！

### 第五幕

场景：教室，作业课

书桌上摆满了课本、作业本等，黄小虎正在赶作业。他无助地挠头，对着空空的作业本长叹一声。

黄小虎：要是我有能自动写作业的笔就好啦。今天要完成一篇生活日记、一篇心理活动月征文、5道数学题、一张素描写生，都是明天要交的。我最讨厌写作文啦，怎么办？

（突然间，笔就自动在作业本上疾书，沙沙沙，三分钟之内，一篇作文大功告成）

黄小虎：哇，我的超能力又起作用啦，太棒啦，让我运用我的超能力把作业全部写完！

没多久，拥有超能力的黄小虎完成了心理活动月征文，数学题也工整、正确地写完了，素描写生也画得惟妙惟肖、栩栩如生……

黄小虎：真好，只要我拥有这个超能力，我什么也不怕啦！

### 第六幕

场景：校园，清晨的广播响起

学校广播：二（1）班的黄小虎同学，因体育成绩突出，被国家田径队选中，将代表中国队参加本届奥运会。黄小虎作为我校的荣耀，特向广大师生报喜！

耳边传来的校园广播声让黄小虎美滋滋的。他见到老师、同学都不自觉地把头颅往上抬高了一寸，似乎想让大家都能看到他矫健的英姿。

### 第七幕

场景：课间的教室

心理课上，同学们还沉浸在老师的课堂内容里。

茉莉老师：好，同学们都展开了自己充分的想象，拥有自己想要的东西，大家都非常棒！那么这节课就上到这里，同学们自由下课。

（茉莉老师刚一说下课，同学们都拥到了她的身边，叽叽喳喳聊起天来，老师似乎有一股无形的魅力牵引着他们）

黄小虎：啊……我的手压得好痛啊，怎么回事呢？（黄小虎慢慢睁开了眼睛，桌子上堆满了书本、作业本）我……我不是拥有超能力了吗？

（他拿笔来试，笔接触着纸张，他心里默念："快，我要写一篇能获全国大奖的文章！"好长一段时间过去了，可本子上没有一点儿变化）

黄小虎：原来只是一场梦。

这个梦深深地刺激了黄小虎的神经，让他体验到成功的喜悦，可是这不是真实的，他渴望再体验成功的感觉。从此以后，他立下承诺，再也不拖拉，而是脚踏实地、实实在在地为自己而努力！

**【点评】**

想象能通过心理暗示使人潜在的可能得以实现，但它的前提是要有潜在的可能。因此，想象的目的不是要创造一个虚构的自我，即一个无所不能、自高自大的我，而是发现"真正的自我"，因为绝大多数人都低估了自己，压抑了自己的潜能。

**心理微电影剧本四：《全班第一》**

**【人物】**

刘备、黑刘备、白刘备、河神、老师、若干名同学。

**【道具】**

盒子、试卷。

**【剧情简介】**

高中生刘备在经历了考试成绩垫底的痛苦之后，偶然间发现了一个神奇的盒子，他与住在里面的河神相遇。在河神及全班师生的帮助下，经过一番挣扎，他唤醒了内心积极向上的力量，认真学习，实现成绩"逆袭"。

**【授课目标】**

1. 通过本剧，让学生了解主角刘备的成长在于他唤醒内心积极向上的力量，认识到掌握知识才是内心真正的需求。正是因为刘备勇于承认错误，改正投机取巧的做法，真正把时间和精力用在学习上，从而有了成绩"逆袭"的结果。

2. 剧中刘备的老师和同学们给予刘备积极的支持和帮助，并为他的成长提供了安全稳定且包容的环境，这也是每一名同学在成长中所渴望的。

因此，在与同学的相处中始终保持积极向上且包容的态度十分重要。

【台本】

第一幕

场景：街道，放学后

刘备是一名高一学生。今天的家长会上，刘备被老师和家长狠狠地批评了一顿，因为他这次的考试成绩在班级里排名倒数第一。他好不容易从他们的喋喋不休中逃脱，来到这条寂静的小路上。

（刘备走出来）

刘备（不屑）：他们也真够啰唆的，不就是成绩嘛，要是我肯努力，早就考全班第一了。（刘备没有看路，被路上的一个盒子绊倒）哎哟，这是什么？谁的盒子啊？

盒子：打开盒子有惊喜哦，开盒子有惊喜哦，盒子有惊喜哦，盒子有惊喜哦，有惊喜哦，惊喜哦……

刘备（还没等盒子说完，不耐烦地打开了盒子）：这是什么？肯定是谁在搞恶作剧！

盒子：封印已解除！

第二幕

场景：街道，放学后

旁白：还没等盒子说完，刘备已经做好了扔出的手势。

（河神出场）

河神（慌慌张张地跑出来）：别扔，这可是本尊的宝贝啊！

刘备（冷淡）：哦，给你。

河神：年轻的孩子哟，本尊是河里的神仙。（刘备举起盒子正要丢）且慢！我可以帮你考得全班第一。

刘备（一脸不信任）：真的？

河神（犹豫）：老实说，我得帮一个人实现愿望才能离开这里。别一副不相信的样子，我告诉你哦，我在河里可是成绩最厉害的，不管是小学、初中还是高中，我都是班里的尖子生。

刘备：你们河里还有学校？

河神：那当然啦。我可是神仙啊！我还有法力可以帮你弄到下个月的月考试卷，只要你背下答案，考全班第一就不是梦！

（黑、白刘备登场）

黑刘备：这是一个好机会，连老天都这么帮我们了，我们这次肯定能拿全班第一，让其他人都刮目相看。

白刘备：不行！这和作弊有什么区别？如果爸妈知道了一定会很伤心的！

黑刘备：那我们不告诉他们就好了，反正天知地知，你知我知。

白刘备：不可以，这种行为是错误的，我们要靠自己的努力考好才对。

黑刘备：靠自己努力什么时候才能考得全班第一？

白刘备：但是，也不能作弊的。

黑刘备：这可是考得全班第一最快、最容易的方法啦。

白刘备：但是……

黑刘备（一把推开白刘备）：哪有这么多但是，难道你就不想考好一点吗？难道你还要考全班倒数第一，被其他人说吗？

旁白：刘备沉思，同意了黑刘备的说法。

刘备：那好吧，我们就这么办，对我们双方都有好处。

河神：成交！呐，这个是下个月的月考试卷和答案。

刘备（开心地离开）：哈哈，我可以通过考试啦！

## 第三幕

场景：教室，考试

旁白：时间飞快流逝，转眼间来到了第二次月考。

（刘备来到考场，坐到座位上，看了看老师发下来的试卷）

刘备（内心独白）：很好，和河神给我的试卷一样。

旁白：考试结束了，可是刘备却一点儿也开心不起来。

刘备独自一人在教室里叹气。

刘备：唉，我这次一定会得全班第一的，可是现在的我却怎么也开心不起来……

白刘备：如果被老师发现了，那该怎么办？我们应该去道歉才对。

黑刘备：道什么歉呢？他们现在又不知道，道歉了反而就知道了。

刘备：唉……

场景：教室，考试后

老师（严肃）：现在我来公布一下这次月考的成绩。刘备是全班第一。

同学们（起哄）：倒数第一啦！

老师：刘备，下课到我办公室来。

场景：办公室

老师：说吧，你是怎么拿到月考试卷和答案的？而且已经拿到一段时间了。

刘备（吞吞吐吐）：我……我没有提前拿到试卷和答案。

老师（生气）：还敢狡辩！我翻试卷的时候发现你只错了第二题，而这道题是整张试卷中最简单的。最主要的是，这道题是我三天前刚改的，你说，你是怎么拿到试卷的？

刘备（慌张）：老师，我……

老师（平静下来）：希望我们能坦诚地谈一谈，我只是想让你明白作弊是不对的。

（刘备沉思）

黑刘备：不能承认。只要否认，老师也不会查出来的。

白刘备：不行，我们应该主动承认错误，我们已经做错了事，就要勇于承担责任。

黑刘备：说什么责任不责任的，如果我们承认的话，那老师和同学会怎么看我们呢？现在我们只要否认，老师没有证据也不能拿我们怎么样。你说是吧？

白刘备：不行，不能一错再错了，我们这次作弊考了全班第一，那下次呢？我们能考多好？我们现在能对同学、老师、父母隐瞒，那下一次考试呢？我们又该怎样解释呢？

黑刘备（愤怒）：你别听他的，承认了就代表你要舍弃你一直追求的全班第一了！

白刘备：不能再这样一错再错，或许承认以后会遭到同学或老师的议论，让父母伤心失望，但是还是要承认才对。

旁白：刘备决定向老师道出事实。

刘备：老师，我确实是提前拿到试卷，对不起，我作弊了。

老师：嗯，你承认就好。如果同学们都原谅你，并且你保证以后再也不作弊了，我可以原谅你的所作所为，只要你有勇气去跟同学们坦白。

刘备：好吧。

第四幕

场景：教室，班会课上

旁白：刘备彻夜未眠，一直在想班会课上要怎么把这件事说出口。

老师：今天的班会主要是讲一下这次的月考，刘备同学有些话想对我们说。

刘备（走上讲台）：其实这次的考试我能考得这么好，是因为我在考试中作弊，对不起！

同学们议论纷纷："我就说是作弊的啦，他怎么可能考第一呢！""就是就是！"……

班长（站起来）：大家安静一下，刘备同学既然已经道歉了，大家就原谅他吧。

（同学们安静了下来）

老师：同学们，刘备同学知错就改，这是值得我们大家学习的。我也相信刘备同学以后都不会犯这种错误了。

同学1：也不是不能原谅他。

同学2：如果他以后不再这样，我们就原谅他。

同学们都原谅了刘备，开始议论起这次的月考成绩。

同学1：哎呀，这次我是第27名，下次我可要超过你，刘备！

同学2：万一刘备开始努力学习，说不定你永远都没法超过他，哈哈。

同学3：刘备说不定就是下一个"刘备"呢。

同学4：夺天下吗？

同学们：哈哈哈………

旁白：班会课上一阵欢声笑语。其实就算你做错了什么，只要你有勇气知错就改，你也可以重新来过。

刘备（感动）：我下次会努力考全班第一的！

班长：好，我等着你超越我！

第五幕

场景：街道，放学后

刘备再一次走在寂静的小路上，想着今天的事。

河神（幽幽地）：年轻的孩子哟，你还有什么愿望吗？

刘备（吓一跳）：河神？你还在！那你帮我补习吧，你不是说你是河里学校的尖子生吗？

河神：好吧。

一个月又过去了，期考来临了。

场景：教室，考试后

同学1：你看，这次刘备真的考得了第一名！

同学2：还真是呢。

同学3：刘备同学好厉害。

同学4：厉害哦！班长，他超过你了！

班长：没想到他还真超过我了，我下次一定要反超他！

【点评】

本剧以学生日常学习中常见的作弊现象为主题，揭露了作弊学生内心的想法：获取好成绩以得到他人认可。剧本在此基础上加入虚构角色河神及表现内心挣扎的黑刘备、白刘备，丰富了对刘备内心的表达，同时也增加了该剧的趣味性，使其幽默诙谐又不失正能量，引导学生在剧中有所思考，有所收获。

**心理微电影剧本五：《我是谁》**

【人物】

丽丽、丽丽爸爸、丽丽妈妈、卢老师和同学们。

【道具】

白纸、红印油、自画像、蒙眼用的宽带子。

【剧情简介】

丽丽是个对世界充满好奇、喜欢思考的女孩。她的小脑瓜儿里装着"为什么""是什么""从哪儿来"等问题，某天她陷入"我是谁"的疑惑中，于是去寻求帮助，最终在老师的帮助下找到了答案。

【授课目标】

1. 认知目标：让学生学会正确、全面地认识自我。

2. 情感目标：让学生能够提高自我评价的水平，客观地看待自己的优点与缺点，形成积极的心态。

3. 行为目标：通过实践活动挖掘自身具备的优点，初步达到悦纳自我。

【台本】

第一幕

场景：教室，小女孩托腮望向窗外，在思考着什么

丽丽（独白）：我叫丽丽，我是燕子岭小学五（3）班一名普普通通的学生。但我常常会思考一个听起来有点滑稽的哲学问题——我是谁？

（插入另一个女生的画面，表情、语气略有夸张）

朋友：你就是你呀！这有什么好苦恼和纠结的！

丽丽（独白）：说来也好笑，小时候我还缠着爸爸妈妈问一些问题。

（切入回忆）

丽丽：爸爸妈妈，我是谁？从哪儿来呀？为什么前天隔壁叔叔阿姨家多了一个小弟弟？

丽丽爸爸：你是我们的宝贝女儿丽丽呀！隔壁家的小弟弟是前天刚出生的，也是叔叔阿姨的宝贝呀！

丽丽：那我是在哪儿出生的呢？当时也这么小吗？

丽丽妈妈：你是在第一人民医院出生的，我还记得那天下着好大的雨呢。爸爸和好心的邻居们把我送到医院，才刚到医院你就迫不及待地出来了！那时你才那么大呢！（手一边比画长度）

丽丽：那五月生的是什么星座呀？

丽丽妈妈（用手轻戳女儿额头）：你这小脑瓜儿里呀，好奇的星星真多！

（拉回现实）

丽丽（独白）：是呢，我是爸妈的女儿，现在是小学生，是少先队员，同时还是班里的数学组长……除此之外，我还能是谁呢？

（课间，有同学在独自看书，有两个男生在下棋，旁边围着几个男生观战，一些女生们则聚在一起有说有笑）

丽丽（独白）：别人眼中的我是什么样子的？

（丽丽走出教室看看操场，操场上各年级学生在进行各式各样的活动）

丽丽（独白）：我跟别人有什么不一样？如果我在人群中，能被别人一眼认出来吗？对了，去问问卢老师吧！

第二幕

场景：教师办公室

丽丽（有礼貌地敲门，经允许后进入）：卢老师好！

卢老师（微笑回应）：丽丽好！

丽丽：卢老师，我记得三年级的时候有一节思想品德课是"我是谁"，您当时告诉我们在不同的场合我们有着不同的身份，不同的身份对自己的要求又不一样。可现在我很好奇，在一样的地方和别人做同样事情的我，是怎样的我呢？会和别人不一样吗？我是独一无二的吗？

卢老师（笑眯眯）：你的问题很有意思！但我现在还不能直接告诉你答案。

丽丽（失望）：啊……

卢老师：别急呀，你听说过"世界上没有两片相同的叶子"这句名言吗？我想让你自己去寻找和发现自己与众不同的地方，这样岂不更好？

丽丽（转忧为喜）：是听过这句话，但没仔细思考过……让我自己来找不同，那当然好啦！老师您快教教我怎么找？

（卢老师拿出一张白纸和一个红印油，她将大拇指先摁在印油上，然后再摁在白纸上，一个红色的指纹印便出现了）

卢老师：丽丽看，这是卢老师的指纹，指纹是每个人独有的标记，世界上还没有哪两个人的指纹是一模一样的，所以每个人的指纹也是独一无二。换句话说，指纹也是自己身份的证明。你也来试试。

丽丽（惊喜）：真的？我也来试试。（她按照卢老师刚才的步骤印上自己的指纹，然后仔细地比较）真的不一样呢！

卢老师：印油借给你，你还可以让其他同学也试试。

丽丽（欣喜）：好啊！待会儿我让同学们都试一试！可是卢老师，除了指纹，我还有什么独一无二的地方吗？

卢老师：当然有了！我给你个任务——今晚在家仔细照一照镜子。

丽丽：就这样啊？我可天天照镜子呢。

卢老师：还没说完呢，仔细观察自己的特点，如个子比别人高还是矮？还是与别人差不多？比别人胖还是瘦？你的脸型、眼睛是怎样的？给自己画张自画像吧。

丽丽（恍然大悟）：我懂了！我给自己画张自画像！

第三幕

场景：教室，几个同学围着丽丽聊天

同学A（拿着丽丽的自画像）：丽丽，这画的是你自己吗？

同学 B（凑过来看）：我看看，还真是像呢！特别是笑起来时的小眼睛，不是丽丽是谁呀？

丽丽（惊喜）：你们能看得出来？

同学 C（抢过画像指点）：那可不是！这红裙子不就是你平时最爱穿的嘛！

同学 A（满脸羡慕）：丽丽画得真好，画什么像什么，经常被美术老师表扬。不像我，画只小狗像小猫，我真羡慕你！

丽丽：我只是从小就喜欢画画，经常自己画着玩的啦！

同学 B：别羡慕啦！你不也有自己的优点，你作文写得那么好，大家都拿你当榜样！

同学 A：你才是呢！能写一手漂亮的字，为班级出板报，老师、同学都很喜欢你呢！

同学 C（自信）：大家都别谦虚了，现在可是提倡个性张扬的时代，我虽然写字、画画不及你们，但我运动能力可是棒棒的！

同学 A：是啊，我们各有各的爱好和优点，自己开心就好！

丽丽（若有所思）：我有点懂了，我要拿给卢老师看看！

卢老师（正好来到教室）：你们在聊什么聊得那么开心呀？

同学们：卢老师好！

同学 C：我们正在看丽丽的自画像呢！

卢老师：哦？有什么有趣的发现吗？

丽丽：我在镜子中发现了自己有许多和别人不一样的地方，还知道了在朋友眼中的我是怎么样的！

卢老师：这个发现可不简单！还想继续有所发现的话，我们来做个游戏怎么样？

同学们（兴奋地鼓掌）：好呀！好呀！我们最喜欢做游戏，做什么游戏呀？

卢老师：做一个"猜猜他是谁"的游戏。

同学 B：怎么玩？

卢老师：人多才好玩！

同学 C：那好办！同学们都过来！卢老师又要带我们玩游戏了！

其他同学（欢呼，聚过来）：喔！

（镜头切换，做游戏）

卢老师选出6名同学，用宽带子蒙住眼睛，让他们站在讲台前。座位上的同学在老师的指挥下，依次发出笑声、说话声、走路声，让被蒙眼的同学说出他们的名字。说错的同学被罚下台，看谁能坚持到最后。游戏结束后，卢老师问那名猜对人数最多的同学的感想。

卢老师：请问为什么你被蒙眼还能认出不同的同学呢？

同学A：因为我很熟悉大家，他们的说话、走路、咳嗽的声音都是不一样的呀！

丽丽（抢着说）：因为我们每个人都有自己的独特之处，和别人不一样！

（卢老师赞许地点头）

第四幕

场景：丽丽对镜头自信微笑

丽丽（独白）：我就是我，普通却又独一无二。有这样一句名言："世界上没有两片相同的叶子。"屏幕前也曾为此感到迷茫的你，现在是否也和我一样理解这句话了呢？

【点评】

自我意识是指对自己存在的觉察，即认识自己的一切。自我意识的发展过程是个体不断社会化的过程，也是个性特征形成的过程。小学阶段是人的自我意识的客观化时期，尤其在五、六年级，小学生正处于自我意识的上升期，这时他们能否正确认识与悦纳自我，直接影响其健康个性与健康心理的养成。因此，这部微电影《我是谁》通过一些心理健康教育的实践探究活动，帮助中高年级小学生逐渐形成一个深入的自我评价，了解自己的性格特质。这有利于小学生发展自我意识、体验积极的情绪，形成健康的心理。

**心理微电影剧本六：《我的事情我来做》**

【人物】

玥玥、玥玥妈妈、玥玥爸爸、小熊。

【道具】

床、衣服、玩具、球、水果。

**【剧情简介】**

玥玥想要做一个不用自己动手做事情的孩子，小熊帮她实现了她的愿望。然而什么事情都不用自己做之后，玥玥也失去了亲身体验的乐趣。她的心情从不用做事情的兴奋慢慢变成无事可做的无聊，最终她决定亲自动手做自己的事情。

**【授课目标】**

1.初步养成自立的生活态度，知道亲自动手做事情的重要性。

2.提高生活自理能力，学会做自己的事情。

**【台本】**[1]

扫一扫，观看微电影

第一幕

场景：玥玥家

玥玥：我是玥玥，今年5岁，家里有爸爸、妈妈和我，还有一个特殊的朋友——小熊，她也是我们家的一员。她和我一起玩游戏，有问题还能帮我想办法，我很喜欢她。虽然我在幼儿园是能干的"小主人"，但是在家我喜欢做个不用动手的"小客人"。

第二幕

场景：早上，玥玥的卧室

玥玥睡醒了，穿着睡衣坐在床上发呆。

妈妈：玥玥，起来穿衣服啦，等会儿我们一起到小区的草地上玩。

玥玥（撒娇）：妈妈，你来替我穿衣服好不好？

妈妈：自己的事情要自己做，你自己穿衣服吧。

玥玥（撒娇）：不嘛，我不想自己穿衣服，我要妈妈帮我穿。

妈妈：玥玥长大了，要自己穿衣服哦。妈妈还要去做早餐呢！

（妈妈转身出去了。小熊来到玥玥的卧室，在门口差点儿摔了一跤，原来地上有一堆散落的玩具）

小熊：咦？是谁玩了玩具不收拾啊？

玥玥：我玩的，我不想收拾，小熊，你帮我收拾吧。

小熊：自己的事情要自己做，你来收拾吧。

---

[1] 微电影拍摄过程中，对台本进行了少量修改，与原定版本有出入。

玥玥（不高兴）：哼，自己的事情要给别人做！如果你不帮我收拾，我就不和你一起玩耍了。

小熊（挠挠头思考，自言自语）：怎么办才好呢？有了！（转向玥玥）呐，玥玥，以后我替你做所有的事情，好不好啊？

玥玥（兴高采烈）：真的吗？

小熊：是的，玥玥。来，我帮你穿衣服和收拾玩具。

玥玥（开心地跳起来）：谢谢你，小熊！

（小熊收拾玩具）

### 第三幕

场景：小区的草地

玥玥坐在草地上，小熊在拍球，玥玥看着小熊发呆。

玥玥：哎呀，好无聊啊！

爸爸：咦？玥玥，今天怎么没有和小熊一起玩啊？

玥玥（吞吞吐吐）：因为……因为……从今天开始，小熊要替我做所有的事情。

小熊（兴奋）：嗯！从今天开始，小熊要替玥玥做所有的事情，现在小熊在替玥玥拍球呢！

妈妈（拎着水果）：玥玥，小熊，过来吃点水果啦！

玥玥（高兴地点头）：来啦！

（玥玥起身刚准备去洗手，小熊伸手拦住）

小熊：咦？玥玥，你就不用去了，难道你忘记了吗？以后我替你做所有的事情，现在我替你吃水果啦。

玥玥（失落）：哦……是这样啊。

### 第四幕

场景：小区的草地，玥玥一家吃完水果后

爸爸：玥玥，小熊，我们一起来玩抛球的游戏吧。

（玥玥开心拍手表示赞同，爸爸把球投给小熊，小熊投回去给爸爸，爸爸转身投给玥玥。玥玥刚要用手接球，小熊抢先一步把球接住）

玥玥（生气）：小熊，你怎么把爸爸投给我的球接去了？你刚刚不是已经接过一次球吗？现在轮到我接球啦！

小熊：我替你玩啊！我答应替你做所有的事情，其中也包括玩游戏啊。

玥玥：什么事情都不做真没意思。以后我可不可以自己的事情自己做呢？玩游戏我也自己来玩。

小熊：唔，玥玥，你要自己做自己的事情啊？包括穿衣服和收拾玩具？

玥玥（点头）：嗯！我决定了，以后我自己的事情自己做，我们约好了，来，拉钩！

【点评】

该剧选材针对性强，围绕当前幼儿在家过多依赖父母或长辈的现象，用剧本的方式呈现出来。剧本通过展示主角玥玥前后不同的心理变化，形成有效对比，突显教育效果。剧本后面的反转也让幼儿明白自己动手做事情的重要性，即体验的乐趣。内容简单易懂，符合幼儿观看。

**心理微电影剧本七**：You Are My Sunshine

【人物】

安妮、欧阳光、安妮的同桌、安妮的同学（女生1、女生2、女生3、女生4、女生5）、欧阳光的同学（男生1、男生2、男生3）、歹徒、受害女生、校园歌手大赛主持人、路人。

【道具】

手机、作业本、篮球、水瓶。

【剧情简介】

高中女生安妮在晚自习放学回家的路上目睹了歹徒抢劫了一名女生，安妮被吓得不知所措。那晚之后，安妮的内心充满了恐惧、不安和没能救人的愧疚。她在学校心事重重，不爱说话，对人际关系变得十分敏感，尽量回避与他人来往。实际上安妮这种表现是出现了创伤后应激障碍的一些症状，而同学们却以为她高傲孤僻，对她的负面评价逐渐多了起来，安妮更加孤独了。

隔壁班的男生欧阳光和安妮是在社团认识的，最近发现安妮总是独来独往，他便多次主动关心她。刚开始安妮也像对其他同学那样拒绝与欧阳光来往，但欧阳光并不把她这种表现解读为高傲，仍然像阳光一样温暖她。安妮终于敞开心扉说出了压抑在心里的事情，欧阳光体谅她的感受，他安慰她、鼓励她，在接下来的一段时间常陪她谈心、运动。

然而欧阳光的朋友们觉得他抛弃了兄弟，在他们眼里安妮是个不合群的女生。欧阳光和朋友们发生了激烈的矛盾，他被打倒在地上。安妮看到这个熟悉的暴力场景，恐惧感又涌上心头。短暂的惊惶过后，她勇敢地上去制止他们。从这一刻起，安妮的内心悄悄有了变化，她不再恐惧不安，不再把自己当成一个弱者。同时，她也决定不能一味依赖欧阳光的照顾，不再为同学对她的偏见而退缩。她发现自己身上也有积极的能量，也可以成为一个阳光的人，还可以把阳光带给别人。

从这之后，安妮逐渐融入集体，主动和人交流，关心别人，努力学习，还积极参加校园活动。安妮走出了阴影，变得越来越阳光，生活也充满了阳光。

【授课目标】

引导学生恰当对待生活中遭遇的一些创伤所造成的心理阴影，学会倾诉和表达感受，学会直面恐惧，找回力量。

【台本】

第一幕

场景：街道

夜晚，安妮走在放学的路上，四周无人。

安妮（打电话）：妈，今天排练有点晚，马上到家了，你别担心。

安妮听见前方有声响，走近一些，看到有歹徒正在抢劫一名女生。安妮吓呆了，瘫坐在地上，拿出手机想要报警，却因为太过惊慌没拨出去。

第二幕

场景：教室

教室里，安妮低着头写作业。

同桌：一起去吃饭吧，这几天你怎么都不理我。

安妮：不想去。

同桌：好吧。

男生1：好了我们吃饭去，别理她。

女生1：嘿，一起去吃饭吗？你都好几天不跟我们玩了。

（女生1拉安妮的手臂，安妮突然很激动地躲开）

安妮：不要碰我！我还有事，你们先去吃吧。

女生2：那我们先走了。

（女生3、女生4、女生5在安妮座位后议论）

女生3：哎，你看那谁啊，叫她去还不去，架子可真大。

女生4：不就是会唱歌吗，还嫌弃别人，呵呵。

女生3：也不知道她最近抽什么风。

女生4：等会儿没有鸡腿了，快去快去。

女生5：神经兮兮的，真怪异。

（安妮心里很难受，音乐起）

### 第三幕

场景：操场

安妮走过操场，被篮球砸中，打篮球的欧阳光赶紧过来询问。

欧阳光（手碰安妮的肩膀）：你没事吧？

安妮：不，不要碰我！离我远点。

（安妮快速走开了，欧阳光看着她的背影，露出担心的表情，男生1、男生2、男生3上前调侃，欧阳光去找安妮，安妮独自坐在台阶上，表情痛苦）

安妮（独白）：我到底怎么了？为什么我会变得这么遭人讨厌？我一点儿都不想经历那种事啊。

（镜头特写）欧阳光走下台阶，欧阳光碰安妮的肩膀，安妮起身推开。

安妮：不要碰我。

欧阳光：安妮，你到底怎么了？

安妮：欧阳光，你有没有经历过什么可怕的事？

欧阳光：当然有啊，我小时候还经常被吓哭呢。

（两人坐下）

安妮：我……我是说……

欧阳光：别怕，你说吧。

安妮：上周放学回家的路上，我看见一个凶狠的歹徒……他不但抢劫，还打伤了一个女生……我没来得及报警帮助她……如果我走得早一些，地上的会不会就是我……

欧阳光：别想了，你听我说，不要把自己关起来，好吗？

安妮：我做不到……

欧阳光：不，你看着我，你做得到的，相信你自己，用心感受，你就会发现生活充满了阳光，你不是一个人在战斗。

安妮：我尽力吧。

### 第四幕

场景：操场

欧阳光陪安妮一起在操场跑步，安妮去拿水。安妮走开后，男生1、男生2、男生3过来拉扯欧阳光。

男生1：欧阳光，最近你很闲哦，为了安妮，连我们都不理了。

男生2：欧阳光，如果是别人还挺有意思的，为什么偏偏是她？

欧阳光：够了，不要再说了，谁再乱说我跟谁急。

男生3：你看你看，欧阳光现在连我们都凶了。

几个男生互相推搡，然后打了起来，欧阳光被打倒在地，过了一会儿安妮走过来，她用力地捏着瓶子，瓶子掉地。安妮走上前去，拉开打人的男生。

安妮：不要再打了。

男生2：滚！

安妮：我说了不要再打了！

（三个男生走了，安妮把欧阳光拉起来。）

欧阳光：我没事，别担心。

安妮：以后我都不会再像以前那样了。

欧阳光：你真棒。

（安妮露出了灿烂的笑容，神情也活泼起来。）

### 第五幕

场景：教室、舞台

场景1：欧阳光在教室黑板给安妮讲解题目。

场景2：安妮和女生们聊天。

场景3：安妮参加校园歌手大赛，演唱 You Are My Sunshine。

安妮（独白）：后来，那件事再也没有出现在我的梦里，而我变得比以前更勇敢了。我又开始排练唱歌，这一切感觉像是过去了很久。我还有很多朋友，虽然他们并不一定懂我，但是很关心我。命运有时会和我们开一些不好的玩笑，在我们心里拉上窗帘，让恐惧和孤独摧毁我们的意志。然而，当我们拉开窗帘时会发现，生活其实充满了阳光。

【点评】

在经历或目睹危害身体或财产安全的事件后，当事人可能会处于应激状态，产生恐惧、不安、悲伤、愧疚等情绪，因此变得过于警觉、敏感、低落、退缩。这些情绪对于青少年来说往往过于沉重，而且应激的反应还有可能被同伴误解为性格古怪、不合群。本剧提示有相似经历的学生要及时处理情绪，不要封闭自己，要向信任的人寻求帮助。诉说、运动、唱歌等是很好的释放情绪的方式。而再次遭遇与应激事件相似的情景，是一个更大的考验，但同时也是走出阴影的契机。勇于面对创伤事件，相信自己的力量，阳光总会驱散阴影。

**心理微电影剧本八：《别在心中的发卡》**

**【人物】**

文慧、小菲、语文老师、同学A、同学B、同学C、同学D、同学E。

**【道具】**

书法作品、黑板报、数学题、吊坠、水瓶、手绢、发卡、日记。

**【剧情简介】**

本剧讲的是班上的小菲同学因为嫉妒文慧同学在班上经常得到老师的表扬和同学们的喜欢，于是在一次体育课上，故意把文慧同学的发卡藏起来的故事。后来，小菲同学阅读文慧同学的日记后，才知道原来每个人身上都会有值得别人羡慕的闪光点，我们喜欢别人身上优点的同时，我们也正在被他人喜欢。

**【授课目标】**

如何巧妙化解小学生的嫉妒心理。

**【台本】**

第一幕

场景：语文课上

语文老师：今天的硬笔书法，文慧写得非常好！看得出文慧同学很用心写字，我们要向她学习。

（全班欣赏文慧同学的作品）

小菲（内心独白）：哼，这有什么了不起的，不就是写字吗？我也能写好，而且写得比文慧更好！

语文老师：好了，下课后文慧和小菲一起完善一下后面的黑板报好吗？下课了，同学们再见。

小菲（内心独白）：我讨厌文慧，她刚来到我们班的时候，大家的目光都被她吸引去了，每天都得到老师们的表扬，凭什么？

（小菲露出一脸不服气的表情）

第二幕

场景：课后，在教室里

同学A（同学们一起围着文慧）：文慧，这道数学题怎么算？这个字我怎么都写不好看，教我好吗？

（小菲很不高兴。这时，小菲的一个好朋友同学E经过，小菲想抓住她说点什么，结果同学E说要去找文慧，待会儿再和她聊。小菲更加生气了）

同学E：文慧，你的发卡真好看！

文慧：是吗？这个发卡对我来说还有特别的意义呢！

小菲（内心独白）：我没有她漂亮也就罢了，凭什么事事都有她的份儿？在她没来之前，那黑板报可是我的天下啊！

第三幕

场景：做黑板报

文慧（拿出一包好吃的饼干，递给小菲）：休息一下吧，这是你最喜欢的花生味饼干。

小菲：谢谢。

第四幕

场景：自习课上

小菲（拍拍文慧的肩膀）：刚才……

文慧（回头）：刚好我有东西送你。（文慧拿出包在手绢里的吊坠）这个吊坠，你有一个，我有一个，今后我们就是好朋友了。

小菲：谢谢你！

小菲（内心独白）：这是文慧最喜欢的吊坠，而现在她却把它送给了我。难道她把我当作朋友？为什么？她不知道我讨厌她吗？可是，难道我不与她较量一番就要甘拜下风吗？不！我不能这样做！我讨厌她，我讨厌她喋喋不休的声音，我讨厌她上课总是被老师点名，我讨厌她的成绩总是比我好，我讨厌她总是成为同学们眼中的焦点！而我对她的讨厌也慢慢达到了顶点。

第五幕

场景：体育课

同学 A：去上体育课了。

小菲：上体育课了，我们走吧。

同学 E：今天老师讲的那道题，我好像不会做。

小菲：我也不会，还想让你教一下我呢！文慧，你快点跟上！

（走出教室后）

小菲：我忘记带水瓶了，你们先走吧。

文慧：那你快点！

同学 E：那我们走了，你记得锁门。

小菲：嗯。

（小菲回到教室，拿了水瓶，走到文慧的座位，发现了文慧的发卡）

小菲（内心独白）：哼，这是她最喜欢的发卡，我要把它藏起来。

小菲把文慧的发卡藏到班上的图书柜里。

### 第六幕

场景：教室里

体育课结束后，文慧一直在座位上找她的发卡，怎么都找不到。

（文慧趴在桌子上哭了起来，其他同学过来安慰）

同学 A、同学 B、同学 C、同学 D：怎么了？文慧你怎么了？

小菲（内心独白）：正如我所预料的那样。可是，我是不是做错了呢？我要不要去安慰她呢？不！我不想去安慰她，因为她已经有很多人在安慰了，而我什么都没有。

### 第七幕

场景：语文老师来帮忙

语文老师：文慧，怎么了？发生什么事情了吗？

同学 E：老师，文慧的发卡不见了。

同学 A：文慧说，那个发卡是她奶奶生前送给她最后的一份礼物，今天上完体育课后就不见了！

（老师扫视了周围的同学，发现了小菲异样的眼神）

语文老师：噢，大家先别着急，老师请同学帮忙找找，也许能找到。请小菲先帮我把作业搬到办公室，谢谢。

小菲：好的。

小菲（内心独白）：老师已经知道是我了吗？不！没人看见，她不会知道的。可是……我，我心里好像一点儿也高兴不起来，怎么收场呢？

（小菲心里有点害怕老师知道，但又很想向老师承认错误）

### 第八幕

**场景**：办公室里

**语文老师**：小菲，你今天看见文慧的发卡了吗？

**小菲**：嗯？噢，我……我没看到。

**语文老师**：嗯，我这儿有一篇日记作业，你作文写得不错，帮老师看看。

小菲拿起日记，这是文慧的日记：

2020年4月15日　　星期三　　天气：晴

今天，是我在新学校最开心的日子，因为我在班上又认识一位新朋友啦！在阅览室看书时，她给我挑了她最喜欢看的书！今天老师还让我和她一起制作班级黑板报，我真是开心极了。妈妈说，好朋友之间要分享快乐，分担困难。所以，我送给她一个吊坠，我真的希望能够和她一起分享更多的快乐！小菲，你会和我做好朋友吗？

**小菲（内心独白）**：没想到她竟然真的想和我做好朋友，可我却那样对待她。还有那个发卡……我该向她认错吗？认错会让我很丢脸，我不想在全班面前丢脸！不能认错！可是……那个发卡对她来说真的很珍贵，她还想和我做好朋友呢，我也想和她做好朋友呀。怎么办呢？

**语文老师**：小菲，被感动了吧？文慧把你当成了好朋友，待会儿放学后你就帮她找找发卡吧，好吗？

**小菲**：好的，我一定会找到的！

**小菲（内心独白）**：太好了，中午我就悄悄地把发卡还回去。

### 第九幕

**场景**：中午，教室里

放学了，全班同学都走了。小菲把藏在书柜里的发卡拿了出来，放进了文慧的抽屉。她如释重负，一蹦一跳地回家了。

### 第十幕

**场景**：小菲日记

过了两天，语文老师收到了小菲的日记：

　　　　　　2020 年 4 月 17 日　　　星期五　　　天气：多云转晴

　　这两天，我的心情就像这天气般阴沉，一点儿也高兴不起来。我对不起一个好朋友，她很优秀，很多人都喜欢她。我觉得她无论哪方面都超过了我，心里不好受，十分嫉妒，所以就把她最心爱的东西藏起来了。她很难过，而我却没有安慰她。直到在语文老师那里看到了她的日记，才知道原来她一直都把我当成好朋友。我真是后悔，真是惭愧，真是对不起她！中午的时候，我偷偷地把发卡还给她了，我还给她写了一封道歉信，今天她回复说我们还会是好朋友。

　　这个发卡别在文慧的头上，却也别在了我的心里。通过这件事情，我知道了每个人身上都会有值得别人羡慕的地方，但是我们没有必要嫉妒别人，因为我们通过努力，也可以一样优秀，何况我们也有令别人羡慕的地方呢！

　　【点评】小学生的好胜心很强，往往喜欢跟别人比较。一旦他们发现自己比别人强则沾沾自喜，陶醉于虚荣心当中。如果比别人弱，则会出现两种情绪：一种表现为颓废消极、毫无斗志、心灰意冷，认为自己不如别人；另一种表现为仇恨嫉妒心理。教师可通过此微电影，巧妙地引导学生去发现自己和他人身上的闪光点，学会欣赏他人，同时在日常学习中进行合作与竞争，学习他人勤奋、心胸宽广、乐于助人等品质，消除学生的嫉妒心理，努力让学生形成健康的心理品质。

# 第五章 阅读疗法与心理微故事

**心**理微故事作为一种特殊的文本，具有通俗易懂、可读性强的特点，在学校心理健康教育中有润物细无声的作用。本章介绍阅读疗法和心理微故事的定义、发展和原理，帮助读者建立关于阅读疗法的认知。同时详细介绍阅读疗法在实际生活中的应用，并节选部分优秀案例为心理微故事的创作和选择提供参考。

## 第一节 何为阅读疗法

### 一、阅读疗法的历史发展

阅读作为缓解精神压力的一种心理干预手段，有着深厚的历史渊源。在17世纪，英国、法国、德国等一些西方国家的内科医生经常为病人开出阅读书目的处方，这反映出当时人们已经将阅读书籍作为心理干预的一种手段。有趣的是在19世纪的古巴，当地多数雪茄工厂里设置了一种特殊的工种——朗读者。他们每个工作日都要为手工卷制雪茄的工人朗读诗歌和小说，以使这些工人在枯燥而漫长的卷烟过程中感到愉快。将阅读作为一种心理治疗的手段进行科学研究与运用始于1810年，当时一位著名的内科医生本杰明·拉什（Benjamin Rush）曾呼吁精神病医院应为病人提供有益健康的读物，通过阅读缓解环境给病人带来的压力，矫正病理性情绪状态。在第二次世界大战期间，一些负伤的军人从阅读中体验到其对身心健康的帮助。而一些精神康复机构以团体形式开展阅读疗法，强化了患者健康生活的意念。目前在一些西方国家，阅读疗法已经被应用于心理健康辅导、心理咨询和学校教育等领域，适用人群也从生理及精神病患扩大到情感困扰者、教养院人群、药物依赖者、儿童、青少年、需要情感及心理支持的群体、残疾人、老年人及临终病人等。[1]

### 二、阅读疗法的定义

对于阅读疗法，不同的学者给出了不同的定义。而在《阅读疗法》一书中，作者综合了国外不同学者对阅读疗法的定义，对阅读疗法进行进一步阐述，要点如下。

第一，阅读疗法通过阅读促进健康。

第二，阅读疗法的作用在绝大多数的情况下是辅助性的，抛开辅助谈论阅读疗法是不科学的。

第三，阅读疗法不仅是一个阅读和领悟的过程，也是一个交互的过程，需要就读后感进行讨论，如此才能扩大和巩固效果。

第四，阅读疗法不仅包括纸质图书，还包括各种声、光、电、磁等方式记录知识的载体。

第五，阅读疗法主要分为两大类：一类是发展阅读疗法，即通过阅读完善读者的人格，促进心理健康；一类是临床阅读疗法，即通过阅读调节心理，调整其对疾病的看法，对患者发挥辅助治疗的作用。

第六，阅读疗法的独特效果体现在提高读者的自尊，将心理和社会价值内化到读者的性格与行为中。

第七，阅读疗法的重点在于调动和强化阅读者自身的力量。

第八，阅读疗法的效果依赖于治疗师根据各个读者的需要和兴趣正确选择合适读物的能力。此外还有通过导读和对话，引导读者进行深入的自我反省和领悟的能力。[2]

值得注意的是，阅读疗法并不等于开列书目。阅读疗法在西方的发展过程中形成了两大流派：一个流派是以阅读为中心的阅读疗法，其基本工作就是开列书目让读者自我阅读、自我领悟，这种方式更适合于图书管理员；

---

[1] 王汉林，鲁忠义.阅读疗法的心理作用机制及应用[J].河南师范大学学报（教育科学版），2013（3）：92-96.

[2] 王波.阅读疗法[M].2版.北京：海洋出版社，2014.

另一个流派是交互式阅读疗法，它深化了前一种流派的做法，除了开列书目推荐给读者阅读之外，还要引导读者讨论，进而深化其自我修通的能力，这种方式更适合医生、心理咨询师等。所以，阅读疗法不仅要开列书目，还要重视讨论和交流在阅读疗法中的作用。

### 三、阅读疗法的心理学原理

学者王波[1]对阅读疗法的心理学原理进行过论述，他认为心理学中的共鸣、净化、平衡、暗示与领悟理论都适用于解释阅读疗法的作用机制。

1. 共鸣

共鸣就是人们在观察外部世界时，有意无意地将外部世界的人物情感、特征、经验等与自己的内部世界进行对照，若能找到相似或吻合之处则发生强烈的共振与认同，获得情感方面的支持。人们具有从同类人身上寻求共鸣的愿望，以汲取心理能量。

2. 净化

净化指的是读者在欣赏精神作品时，与作品中的人物发生了心灵沟通，情绪得到释放与升华。在阅读的过程中，读者会顺着情节的发展追随主人公走完他的心路历程，会同他一起彷徨、思考、忍受、抗争，同时还会以旁观者的身份思索悲剧发生的根源，以及各种应对的可能性。

3. 平衡

根据弗里茨·海德（Fritz Heider）的社会心理学理论，每个人都是社会人，他在社会生活中建立的大部分与他人的关系是通过各种事件形成的。设一个人为P，他以外的其他人为O，事件为X，这三者构成了环状的封闭系统，被称为P-O-X三角。每个因素与其他两个因素都存在正向或者负向的关系，他们都是由主体的认知态度决定的。当人与他人、事物之间的关系处于不平衡状态时，人就会驱使自己通过各种途径达到平衡的状态。而阅读的好处在于阅读者可以通过它进入一个虚拟的世界（书本中所建构的世界），在这个世界中，或许会遇到另一个与自己相似的人。他的经历或崎岖或顺畅，无论何种情况，都可让阅读者尝试构建一个新的P-O-X三角，以达到新的平衡状态。

---

[1] 王波.阅读疗法［M］.2版.北京：海洋出版社，2014.

4. 暗示

暗示即通过言语或者非言语的手段，使读者被动地接受一种观点、信息或者态度，以缓解某种症状或者加强某种治疗效果。阅读同样是一种暗示。

5. 领悟

领悟是指读者在经过共鸣、净化之后，追问与思索阅读材料的深层意义。然而，由于人与人之间有生活经历、教育背景等方面的差异，对同一作品的领悟也千差万别，既有深度上的差异，也有方向上的不同。因此，为了促进阅读疗法的作用，阅读之后的讨论与交流也尤为重要。

在王汉林、鲁忠义[1]发表的文章中，他们还运用认知行为理论解释阅读疗法作用机制。认知行为疗法（CBT）通过调节求助者的自我认知和思考模式来调整情绪与行为。而通过阅读疗法，可以帮助求助者意识到自身歪曲的和被压抑的思想，通过阅读和练习以习得更为现实的方法，重塑对事物的认知，激发自我觉知能力，提高活动水平等。

除了以上阐述的内容，笔者认为社会比较理论和社会学习理论也可以为阅读疗法的作用机制提供部分解释。

美国社会心理学家利昂·费斯廷格（Leon Festinger）在 1954 年提出社会比较理论，他认为每个个体在缺乏客观认识的情况下，会利用他人作为比较的尺度来进行自我评价。费斯廷格指出，在上行社会比较中，个体会跟那些更社会化的人比较；在下行社会比较中，个体做逆向比较。上行比较可能会让人感到挫败或者激励，而下行比较则可以让人感受到自信。当选取了适当的阅读材料后，可以在阅读过程中，通过与自己情况相似的人物进行对比，达到缓解负面情绪的作用。

班杜拉（Albert Bandura）的社会学习理论认为，行为习得主要通过两种途径：一种是通过直接经验获得行为反应模式的过程，班杜拉把这种行为习得过程称为通过反应的结果所进行的学习，即我们所说的直接经验的学习；另一种是通过观察示范者的行为而习得行为的过程，班杜拉将它称之为通过示范所进行的学习，即我们所说的间接经验的学习。在阅读过程中，阅读者既可以通过材料中相应的行为结果进行学习，又可以模仿阅读材料中人物的示范。

---

[1] 王汉林，鲁忠义. 阅读疗法的心理作用机制及应用[J]. 河南师范大学学报（教育科学版），2013（3）：92-96.

## 四、阅读疗法的治疗目标

对于阅读疗法的治疗目标，布瑞恩（Bryan）总结了对求助者应用阅读疗法能够实现的六项治疗目标[1]：

第一，使阅读者意识到他们并不是第一个遇到困惑的人。

第二，使阅读者发现能解决他们困惑的方法不止一个。

第三，帮助阅读者发现人们卷入某一特定情境的基本原因是什么。

第四，帮助阅读者发现他人经验的价值。

第五，向阅读者提供解决问题的方法。

第六，鼓励阅读者现实地面对他们的遭遇。

## 五、阅读疗法在心理健康教育领域的应用

黄晓鹂[2]曾采用阅读疗法对大学生进行为期三个月的心理干预，结果发现，控制了前后测差异后，实验组在SCL-90各因子得分、总均分均在统计学上显著低于非实验组。而变化幅度较大的是躯体化、强迫、人际关系敏感、敌对、偏执、恐怖因子和总均分。宫梅玲、丛中[3]对阅读疗法在治疗抑郁障碍案例中的效果进行剖析，并结合山东省精神卫生中心的范文田等人的临床研究发现，阅读疗法对抑郁症患者而言是一种有效的辅助康复治疗的方法。也有学者[4]对监狱服刑人员阅读疗法效果评估发现，阅读疗法对服刑人员的心理健康和抑郁康复有显著效果。

在教育领域与临床研究上，阅读疗法对心理健康的积极作用都得到了证实。除此之外，阅读疗法还具有费用低、副作用小、疗效显著的优点。因此，在心理健康教育领域积极推进阅读疗法，可促进心理健康教育形式多样化发展，进一步深化心理健康教育。

[1] 王汉林，鲁忠义.阅读疗法的心理作用机制及应用[J].河南师范大学学报（教育科学版），2013（3）：92-96.

[2] 黄晓鹂.阅读疗法对大学生心理健康的影响[J].中华医学图书情报杂志，2013（9）：30-33.

[3] 宫梅玲，丛中.阅读治疗抑郁障碍典型案例剖析[J].精神医学杂志，2009（5）：395-397.

[4] 韩滢莹，周力虹，邓婉昕.监狱图书馆对服刑人员抑郁情绪的阅读疗法干预研究[J].图书馆建设，2016（7）：69-73.

## 第二节 阅读疗法的重要载体——微故事

阅读疗法书目的编制是实施阅读疗法的核心与关键环节，在阅读疗法中处于一个基础却又十分重要的地位，直接关系到阅读疗法的效果。[1]在对监狱服刑人员抑郁情绪的阅读疗法干预研究[2]发现，一般消遣读物的效果要优于专业读物。在《阅读疗法》一书中，作者综合了国内外学者的研究，阐明当遇到临床问题时，治疗师可以根据自助类图书提供的方案，找到更多处理和解决问题的途径。同时，治疗师也发现，当把问题的解决方案作为传统治疗方法的一部分告知求助者时，求助者可能会拒绝这种方案，然而如果治疗师让求助者从书中读到这个方案，求助者可能就会认真思考这个方案的可行性。

除此之外，小说也是实现阅读疗法的一个重要途径。用于治疗的小说必须是准确描述求助者所面临的问题的小说。求助者读完小说之后，治疗师再帮助求助者厘清问题，并在小说的启发下寻找解决的办法。

微故事作为文本材料的一种形式，同时，又与普通文本有所差别。在当今社会，快节奏的生活使越来越多的人难以集中大量的时间完整读完一本书，"微"阅读逐渐成为一种新形式，如微博、微信、微小说、微故事等。微故事就是用精练的语言和超短的篇幅制造，是情节智慧的高度浓缩。符合阅读疗法要求的心理微故事，既能减少阅读者耗费的时间，符合当代人的阅读习惯，又能达到一定的心理保健作用。

教师作为学校心理健康教育一线的工作者，对学生日常心理及行为问题最为熟悉。教师可根据一定的目的，有计划、有针对性地选择或者撰写特定主题的微故事，提供给具有类似问题的学生进行阅读，可在一定程度上辅助心理治疗的进程。

---

[1] 黄晓鹂，王景文. 关于阅读疗法书目编制问题的思考[J]. 大学图书情报学刊，2012（3）：63-64，70.

[2] 韩滢莹，周力虹，邓婉昕. 监狱图书馆对服刑人员抑郁情绪的阅读疗法干预研究[J]. 图书馆建设，2016（7）：69-73.

## 第三节　根据阅读疗法的要义选择或撰写微故事

对于微故事的选择或者撰写，可以参考王波在《阅读疗法》中对书目的选择标准：第一，选择的图书必须与读者的阅读能力相适应，太深奥或者太简单的内容都容易使阅读者对图书失去兴趣。第二，书中讨论的问题越多，则该图书的质量越高。读者倾向于阅读那些切合他们社会经验的图书。笔者认为，这一标准的重点并不在于讨论问题数量的多少，而是所体现出的社会生活的复杂程度。在选择图书时，应当选择与阅读者社会认知程度相契合的图书。第三，要考虑书中提供建议的数量与质量。在数量上，图书应该提供尽可能多的解决方案；在质量上，图书提供的问题解决方案应该具有可操作性。第四，选择图书时应考虑书中描述的情景能否实现。第五，需要考虑图书的语气。[1]

除此之外，在对儿童应用阅读疗法时，还应注意要引导儿童从推荐的图书中看到自己和主人公的相似性，进而发生投射与认同。对于低龄儿童而言，他们掌握的词汇量小，经历有限且注意力持续时间短，因此在选择适合儿童阅读的图书时，吉莱斯派和康诺认为还应注意以下要点[2]：

第一，具有能够强化文本的内容，色彩得当，有吸引力的插图。

第二，故事内容趣味性强，刻画的人物真实可信。

第三，在儿童可理解的范围内，提供有用的信息。

第四，内容易懂，能被年幼的儿童所理解。

第五，有令人惊奇的悬念，保持儿童的兴趣。

第六，用吸引人的、循环性的内容让儿童产生熟悉感。

虽然鲜有图书能满足上面所有要求，但治疗师在选择图书时，应牢记以上标准，尽量选择与标准相契合的阅读材料。

---

[1] 王波.阅读疗法[M].2版.北京：海洋出版社，2014.
[2] 同[1].

## 第四节　心理微故事案例

**心理微故事一：《放飞的气球》**

一天，爸爸带着佳佳到游乐场玩。游乐场里热闹极了，有好多可玩的项目：蹦蹦床、过山车、旋转小飞机、小火车……佳佳看得眼花缭乱，玩得不亦乐乎。玩了好几个游戏之后，佳佳累极了，和爸爸坐在休息区的石凳上。这时，一个拿着气球的小贩引起了佳佳的注意。

"爸爸，爸爸，好多气球啊，可不可以给我买一个米奇的气球呢？"

不远处的小贩听到佳佳说的话，赶紧走过来，不想错过这个生意。小贩笑眯眯地说："小姑娘，你想要哪个气球啊，叫爸爸给你买一个吧。"

"还是不用了，家里还挂着好几个气球呢！买太多，太浪费了。"爸爸劝说佳佳。佳佳有些失望地答应了。

小贩也失望地走到另一侧要买气球的小孩旁边。

"哎呀，不好啦！"旁边传来一阵沮丧的叫声。佳佳和爸爸一起回过头，只见小贩手上四五十个美丽的气球一起飞上了天空。尽管小贩眼疾手快，也只能抓住剩下的三个。旁边买气球的一个阿姨和一个小男孩也被吓住了，原来小贩正准备把小男孩的气球递给他的时候，不小心把绳子都解开了，一不留神，气球都飞走了。

小贩一屁股坐在地上，双手抱头，哽咽地说："这下可怎么办才好啊？这一天的生意全白做了。我怎么这么不小心，这么没用啊……"

爸爸看了一会儿，牵着佳佳的手来到小贩身边，问道："老板，你这刚刚大概飞了多少个气球啊？"

小贩抬头看了佳佳爸爸一眼道："有五十个呢，可怎么办呀，白忙活了一天！"

爸爸低下头，低声问佳佳："佳佳，这么多气球飞在天空，漂亮吗？"

佳佳凑到爸爸耳边："漂亮是漂亮，但是这个叔叔太可怜了。"

爸爸不作声，拿出钱包，抽出200元递给小贩，说："气球已经飞到天空了，再难过也没用。我就买这些气球，放飞给我女儿看吧。女儿很喜欢。"

小贩拿着那些钱，喜极而泣道："谢谢大哥，谢谢。这剩下的几个气球我也一起送给小妹妹吧。"

佳佳一只手拿着三个气球，另一只手牵着爸爸的大手。她好奇地问爸爸："为什么爸爸最后要买下这么多气球呢？您不是说很浪费吗？"

爸爸说："佳佳不是很想帮助那个叔叔吗？有的时候，我们也可能会遇到很糟糕的事情，但是事情已经发生了，再怎么懊悔、难过都挽救不回来，不如放宽心态，好好面对，说不定会有意外的惊喜呢？再者，如果爸爸直接给那位叔叔钱，他心里也会觉得别扭。所以，在帮助别人的时候，也要多多考虑一下对方的自尊心。"

原来是这样！佳佳觉得手上的三个气球更美了！

**【心理点评】**

1. 塞翁失马，焉知非福！生活中我们也会经常遇到一些非常糟糕的状况，这个时候要放宽心态，积极面对。已经发生的事情，再怎么伤心难过，时间也无法倒退，事情也不可能重来。

2. 乐于助人是好事，但是助人的时候多考虑一下对方的自尊心。

3. 父母对孩子的教育应从小处做起，言传身教，做个好榜样！

**心理微故事二：《一棵橘子树》**

陈桔出生在一个橘子花飘香的春季，爱吃橘子的妈妈给她取了这个名字。爸爸匀出一个山头种满橘子树，家庭的年收入也随着陈桔的年龄增长而不断增加。在第十五个橘子挂满枝头的秋季，陈桔要离家了，兜里揣着全市最优秀的高中的录取通知书，手上拿着一棵橘子树苗。

那个学校有高大的教学楼、宽敞的运动场、先进的教学设备、优美的花园……新学校是如此的靓丽，怎么也看不够，尤其是身边那些洋溢着青春的笑脸。

班上为欢送军训教官举行了一个小联欢会，陈桔托着腮帮子看直了眼。一个高挑、英姿飒爽的女生站在讲台前唱了首英文歌，不一会儿跑出个帅气的男生，在教室的空地上跳起了街舞，班上的气氛沸腾起来了，越来越多的人跟着唱这首陈桔从未听过的歌。一曲歌尽，陈桔还在想最后一句歌词的中文意思，眼前就递过来一个话筒。同桌摇了摇她："桔子，教官点你的名，该你进行才艺展示了！"

陈桔慢吞吞地站起来，不擅长歌舞的她想讲个笑话，大脑却一片空白。偌大的教室里，陈桔似乎只听到了自己的心跳声。

突然有人笑了，是刚才跳舞的男生。他振振有词地说："鹅鹅鹅，曲项向天歌。"同学们也笑了，边笑边念道："白毛浮绿水，红掌拨清波。"在大家善意的掌声中，陈桔如释重负地坐下。

回到宿舍，女生们依然意犹未尽，纷纷讨论道："原来只知道夏晴钢琴过了十级，没想到英文歌也唱得这么劲爆。""梁爽的街舞更劲爆！""夏日的晴天凉爽的风，这两人在一起最劲爆！"陈桔看着种在花盆里的小橘子树苗，感觉它有些蔫了。

军训过后同学们就正式进入高中的学习生活。如果说初中的学习如同剥开一个个蜜橘慢慢品尝那般轻松，那么高中的课堂就好比还没剥好的橘子那般困难——眼睛却已被橘皮的汁水溅得无法睁开，还吃不到嘴里。但总有人能尝到甜头：夏晴能与英语外教无障碍沟通，梁爽能在政治课上与老师讨论世界经济格局，就连同桌也在数学课堂练习上旗开得胜。陈桔想着自己的橘子树苗掉下两片微黄的叶子，心里烦躁起来：秋天不适合移栽吗？还是这棵小橘子树苗不适合移栽？

"橘生淮南则为橘，生于淮北则为枳。"前桌的梁爽听到陈桔念念有词，回过头来搭腔："因为古代生产力落后，不懂得嫁接技术。现在只要保证橘子树不被冻死，什么口味任你选。"

"嫁接，"陈桔的脑中似乎划过一丝灵感，"可以用优秀品种嫁接。对，用优秀的……"

"陈桔？"梁爽提高了音量，"想什么这么入神？我说，你看你的字写得这么好，加入我们书法协会吧！"

"写成这样，算好吗？"陈桔有些难以置信。

"当然，我说算就算。在下可是书法协会会长的秘书呢！"梁爽贼兮兮地笑着。

"秘书也不能和我抢人！"不知何时，夏晴站在一边。"陈桔还是适合加入我们心理报社，你刚才在心理课上出口成章，正是我部门心仪的记者人选！"

"恭喜桔子呀，成为'金童玉女'争抢的对象真幸运啊！"同桌恶趣味地评论使陈桔的惊喜瞬间变为惊吓。"你不可以两个都参加？"陈桔这才真切感受到同桌满满的爱意。

梁爽却担心地说:"这样你忙得过来吗?"

"可以!"陈桔连忙点头,"我需要更多更优秀的品种'嫁接'!"

大家捧腹大笑:"你还真当自己是棵橘子树啦!"

三年光阴匆匆而过,高考时陈桔的数学成绩仍然赶不上同桌。"和985院校数学系的女生比数学,不是谦谦君子所为。"陈桔抱着小橘子树来到学校后的小树林,边走边赞叹自己的英明。虽然这三年陈桔的英语已经突飞猛进,但口语的纯正度仍比不上夏晴。"夏晴英语好,以后可以向世界宣传中华文化,将来我只要负责教她的小公主学好汉语就成。"陈桔边想着边挖下一个大坑。陈桔依然看不清未来世界经济的走势,那又有什么关系。"梁爽真是个做秘书的命。'秘书长'听起来就像是他的头衔!"陈桔把小橘树种进坑里,小心翼翼地填上土。

看着小橘子树迎风飘扬,陈桔忽然想起了夏晴的口头禅:"我是我,不一样的烟火!"对,不管是未来的数学家、外交官还是经济学家,你们的汉语和古汉语,就是没我牛!小橘子树随风点着头……

**【心理点评】**

自卑的人成长之路各有不同,自信的人却是相似的,即接纳自己与生俱来的不足,努力寻找自己的闪光点,并坚定地相信自己能依靠长处和不懈努力获得成功。自信的人既欣赏自己,也欣赏别人,学习他人的长处。所以,优秀的人不是以自己的短处与别人的长处比,而是不断挖掘自己的潜能,实现自我价值。

**心理微故事三:《跑在前面的孩子》**

这两天天公作美,阴雨连绵的天空突然放晴了,天空一片湛蓝,阳光灿烂。亲朋好友欢聚一堂,恭贺堂弟大婚之喜。许久不见的燕青带着她9岁的儿子斌斌也回来了。初见斌斌,他大大的眼睛里透露着机灵,他自如地坐在客厅里吃零食,向我这个陌生阿姨询问能否把正在播放的电视剧换成动画片,可见这个自来熟的小男孩很有胆量与想法,有别于长辈们喜欢的乖巧听话的孩子。

午饭后,大人们坐在一起聊着家长里短,坐在一旁的斌斌甚是无聊,索性跑出去看一群四五岁的小朋友玩气球。突然,他从地上捡起一根树枝,一蹦一跳地跑到屋旁的瓜棚，企图撩那些散落在瓜棚上的气球。我看着他蹦蹦跳跳的小身影，心想9岁的小男孩这么喜欢气球，真是个童心未泯的孩子。

小小的孩子也能办成大事，斌斌居然能把瓜棚上的气球都撩了下来。让我们意想不到的是，斌斌友好地把气球分给陌生的弟弟妹妹们，大哥哥的风范十足。同时，他也心满意足地给自己留了一个最大、最艳丽的气球。燕青听说斌斌分发气球的事，笑道："家里那么多气球都不愿意玩，怎么来到这就那么喜欢气球啦。"斌斌笑嘻嘻地不作声。

欢聚过后，又到各自启程的时候了。邻家伯母特意准备了一大包玉米送给燕青，燕青以路途遥远为由推脱了。我劝说道："东西不值钱，这只是家人的情谊和家乡的味道，拿着吧。"于是燕青干脆地收下了。

迎着阳光，我们走在出村子的路上。燕青拎着沉甸甸的玉米，走得跟跟跄跄。斌斌拿着那个艳丽的气球，欢快地跑在燕青跟前。燕青走向右边，他就跟着跑到右边，燕青往左边挪一点，他也跟着往左挪。

我在旁边看着，忍不住说："斌斌，你妈妈拎着那么重的东西，你怎么不好好走路？挡道是不对的。"斌斌停了下来，有些无措地看着他妈妈和我。燕青笑着问："斌斌，是这样吗？"斌斌小声地说："我跑在前面，只是想用影子给妈妈挡太阳。"燕青笑得很幸福，温柔地说："谢谢斌斌，你现在还是孩子，就让妈妈给你挡吧，等你长大了，就可以给妈妈挡了。"看着这对母子，我顿时感到很惭愧，原来眼见不一定为实，我只是把自己的想法投射到小男孩的身上了，于是由衷地说一声："斌斌，你真棒！"我们继续走着，斌斌依然跑在前面，不过这次离燕青有点远，不至于阻碍燕青走路。那个艳丽的气球还是特别显眼，我跟斌斌说："你的气球是不能上高铁的，你还拿着干啥？"斌斌很认真地回答："我在前面拿气球给妈妈引路。"我问："你要带妈妈去哪里呀？"斌斌坚定地说："我要带妈妈回家！"顿时感动和心酸的情绪涌上我的心头，我下意识看向燕青，只见她眼眶有些红。回家是一件再平常不过的事了，但此时我仿佛看到燕青眼中对回家的渴望与期盼。住在我家的这两天，小男孩知道他的妈妈曾是个弃婴，被没有儿女的五婆婆夫妇收养。尽管收养她的家庭给了她温情，但也没能弥补遗憾和创伤。养父两年前已经离世，养母习惯住在乡下，不愿跟这个养女到大城市生活。

现在，斌斌和他爸爸所在的地方，是燕青温暖的家。相信燕青成长过

第五章　阅读疗法与心理微故事

程中的遗憾和创伤，生活必将以别的形式给予她圆满，而这个孩子就是燕青幸福和圆满的源泉。这个跑在前面的孩子，也让我想起一个高三学生曾跟我说过的一句话。那个学生说："老师，我们上课虽然不喜欢回应老师，但并不是因为我们不想听课，我们有很多人是在默默地认真学习，您所看到的并不一定是真的。"

这两个孩子告诉我们一个道理：眼见不一定为实，我们看到的只是我们想看到的东西。作为一个旁观的教师，孩子指引着我走向更专业的思想之路，教师这条路还很长，我要学习的还很多。这条熟悉的乡村小道，今天看起来似乎变得更加宽阔，前方的路也更明亮了。

【心理点评】

很多时候我们通过行为或语言只看到了孩子的某一部分，但并不代表这就是孩子的全部。正如文中的"我"对斌斌的第一印象并不好，把斌斌认定为不懂事的孩子。"我"以为斌斌不体谅妈妈并阻碍妈妈行走，而孩子举止的背后真相却是为妈妈遮挡阳光。眼见不一定为实，不要让我们的眼睛蒙蔽了真相。

**心理微故事四：《我记得我坚持》**

"因为，我很清楚地记得我的目标，并且一直在坚持。"小雨的话音刚落，教室里就响起了雷鸣般的掌声，同学们纷纷用赞许的目光看着她。

原来，这些声音来自正在进行中的心理课"做自己的尺子"。这是我给刚进入初三的学生上的一节课。在这节课上，我给学生发放了他们初一时制作的初中生活绘本。这个初中生活绘本是我在初一的心理课上让同学们当堂制作的，里面包含了他们为自己初中三年制订的总目标。我要求他们将总目标分为初一、初二、初三三个阶段，同时还写下为了实现目标自己需要采取的具体行动及措施，最后还要求他们给初三的自己写了一封信。绘本制作好后，我就把绘本收上来保存到现在。

就在刚才，我和同学们提到这个绘本时，很多同学都是一脸茫然，纷纷怀疑自己是否做过这个东西。当我拿出保存了两年之久的绘本并发到同学们手上时，大家脸上的表情各不相同。有的同学满脸羞愧，有的同学一脸尴尬，而小雨的表情让我印象特别深刻：她脸上挂满了笑容。然后，我让同学们反思自己初一和初二目标的实现情况并向大家分享自己的体会。

这时，小雨举起了手。

"你初一、初二的目标实现情况怎么样？"我问道。

小雨回答道："我初一的目标是总成绩排名能进年级前250名，初二的目标是进年级前100，我都把它们实现了！"

"哇，好厉害！"同学们纷纷惊叹并鼓掌。

"恭喜你实现了自己的目标，"我也对她表示了肯定，"但我想，同学们更想知道，你是如何实现自己的目标的？"

"因为，我很清楚地记得我的目标，并且一直在坚持。"这时便有了文章开头时雷鸣般的掌声。

其实那个时候，我对同学们异常热烈的反应感觉有些奇怪，但后来才了解他们为什么给小雨如此大的肯定。小雨接着娓娓道来："其实，除了心理老师，班主任也常常让我们给自己定目标，可是在写下目标后，大家还记得吗？我一直清楚地记得我给自己定的目标。它不仅写在纸上，更印在我的心里。每当我不知道该怎样安排时间时，我就用目标明确自己努力的方向。"

"看来目标为你指了一个很明确的方向，"我接着问，"那在这个过程中，你遇到的最大的困难是什么呢？"

"是玩手机的诱惑。其实在初一的时候，我是个一回家就手机不离手的人，特别喜欢追剧，日剧和韩剧都是我的最爱。所以第一个学期的成绩很糟糕，在年级排到了第300名。那节心理课上，老师您让我们想想三年后的自己是怎样的，这个问题好像突然问醒了我。我从那个时候开始认真思考自己初中三年要怎么过，后来我给自己定的目标是成绩能进年级前50名。当时我同桌还笑话我说什么时候能把电视剧和偶像明星戒掉再做白日梦吧。其实我也很怀疑自己能不能控制好自己。很多时候，看着同学们回家都能玩手机，而我却得控制自己不玩手机，还让妈妈监督我，真的觉得很难受。有时候也质疑过自己为何要定这样一个目标给自己找罪受。特别是当我很卖力地学习而成绩却不见起色的时候，真的很想放弃。"

"那你后来是怎么坚持下来的？"

"每次我有想放弃的念头的时候，我就会提醒自己想想定下的目标，问自己三年后究竟想变成什么样子，于是就在不断的纠结和肯定中坚持下来了。除此之外，我还会在取得一些小进步之后奖励自己玩手机的时间多一点。"小雨最后表露了自己的真实想法。

后来,其他同学告诉我,小雨这一年多来取得的进步真的很大,但大家都以为她是轻轻松松就取得了进步,没想到背后还有这样的辛苦和坚持。

亲爱的同学,你呢?你是否还记得自己定下的目标?你是否还在为目标坚持着?愿你也像小雨一样不忘初心!

【心理点评】

要设定目标。现在很多同学的学习动机不强,很大程度上是因为没有目标,不知道自己未来的方向,学习更多的是为了取悦家长或者老师。如果学生能自主、自发地确立学习目标,并朝目标前进,就能形成较强的学习动机。目标像一个指示牌,具有导向作用,设定目标有助于集中注意力,我们会更关注目标,远离与目标无关的行为。目标像一块磁铁,具有凝聚作用,设立目标有助于为之调动资源,吸引我们向目标靠近。目标具有激励作用,设立目标有助于鼓励我们坚持不懈,时刻提醒自己离目标还有多远。正因为小雨设立了目标,所以她能拒绝玩手机的诱惑,坚定地朝着目标努力。因此,目标的设定对学习有非常大的促进作用。

要有目标承诺。目标承诺是指个体被目标所吸引,重视目标并持之以恒地为目标而努力的过程。当我们强烈地想解决一个问题的时候,最能产生对目标的承诺,并且随后能真正地解决问题。小雨在实现目标过程中遇到的最大的困难是克服玩手机的诱惑,但她将目标牢牢记在心上,产生了目标承诺,并尽力想办法去克服这个困难。她通过自控能力和妈妈监督等方式来解决这个问题。

要在目标达成后得到奖励。在实现目标的过程中,并不是非要在完全完成目标时才给予奖励,达到部分目标时也可以自我奖励,作为设立更高目标的基础。小雨在朝目标努力的过程中,在达成目标时奖励自己增加玩手机的时间,这有利于达到更高的目标。

**心理微故事五:《徐小美的美丽人生》**

徐小美和许言在初二的时候是非常要好的朋友,他们一起努力学习,痛快玩耍,尽情享受青春的美好时光。可是有一天,许言没有来学校,从这以后,许言再也没有在这所学校出现过。许言给徐小美留言:"小美,我爸爸妈妈都去外地工作了,我要搬家了。跟你做朋友很快乐,希望以后常常联系。"徐小美看了后感到非常失落,她不能理解,许言怎么会说走就走呢?徐小美想来想去,觉得许言肯定是讨厌她、厌烦她,才会这样的。于是,徐小美在 QQ 上问许言是不是讨厌她才离开的。第一、第二次,许言都否认了,他给出的理由都是因为要搬家。第三次,许言不再解释。

徐小美上高一了,她认识一个很聊得来的舍友,她们很快成了无话不谈的闺蜜。有一天,徐小美突然很想知道闺蜜跟她究竟是不是真的关系很好,于是她在闺蜜上厕所时恶作剧,把闺蜜反锁在厕所里。闺蜜央求她无果,只好打电话让其他同学来帮她开门。慢慢地,她发现闺蜜在疏远她,她觉得闺蜜并不是真心想和她做朋友,于是她又想了个办法考验她——偷看闺蜜的日记。闺蜜知道后,对她一通臭骂,从此两人再无交集。徐小美很难过,为什么闺蜜跟她的感情如此脆弱,连这点事情都不能原谅她?

徐小美读大一了,她的初恋只持续了两个月。分手的原因是有一天她感冒了,在宿舍给男朋友发了一条短信,让她男朋友来看望她。男朋友当时在上课,等下课后便过去看她。她很难过,开始质问男朋友:"上课比我还要重要吗?"男朋友否认了。徐小美说:"那为什么不第一时间过来看我?你根本不重视我!"男朋友觉得烦躁不已,他已经听小美说过很多这样的话——你不如何就是不重视我、不喜欢我。可是男朋友觉得自己确实是喜欢她的,但她的不信任总是让他觉得疲惫不堪,现在他也开始怀疑自己是否真的喜欢小美。最后他说:"既然你这么努力地证明我不爱你,现在我也觉得我确实不爱了,我们分开吧。"徐小美想:"为什么他也要离开我呢?"

徐小美工作了,她谈了多次恋爱,均以各种理由分手告终。

第二段恋情,因为男朋友要参加合唱训练,不能给她送早餐,两人大吵一架后分手;第三段恋情,因为看电影时无法达成一致,徐小美觉得男朋友不够迁就她而分手;第四段恋情,她觉得男朋友为了工作竟然不能陪她过生日,对她不上心而分手。经过几次分手后,徐小美犹豫了,她不敢开启第五段恋情。

徐小美开始寻求心理咨询师的帮助,她已经找了第三个咨询师,咨询结束后她打算换咨询师,因为她觉得这个咨询师心思不够细腻,不能理解她。咨询师知道她的想法后并不介意,他反倒希望徐小美回去做一份作业,做完再决定是否要换咨询师。这份作业是:一个好咨询师要做到什么?答案描述要具体且可以量化,例如:我希望咨询师可以告诉我如何找到真心爱我的男朋友。

晚上，徐小美为了这份作业头痛极了。她本来以为她很快可以写完这份作业，但是她目前为止已经写了一百多条：1. 咨询师是男性，身高在175cm以上；2. 他要多微笑，至少对我笑三次；3. 告诉我为什么我的情路这么坎坷；4. 我发信息给他，他要马上回复；5. 他回答问题之前不能思考超过30秒……而且她发现自己好像远远没有写完。终于到深夜两点的时候，她趴在桌子上睡着了。早上起来的时候，她好像领悟了什么。一周后，她再次来到了心理咨询室，她坦诚道这份作业她写不完。

咨询师拿着她写的作业："你说，这个世界上有没有这样的咨询师？"

徐小美："理论上有。"

咨询师："理论上也没有。小美，因为你根本描绘不出这样人来，你自己也说了你的作业写不完。人无完人，这不是我们都知道的常识吗？"

徐小美："可是这跟我的问题有什么关系？"

咨询师："这份作业换个题目可以是'男朋友要做到什么，你才觉得他是爱你的？'对吗？"

徐小美沉默良久缓缓开口道："这个世界上没有这个人，因为我根本不知道什么样的男人才是真的爱我。"

咨询师："所以我认为你所做的实际上把他们推开了，为什么？"

徐小美哭泣道："因为我不想再难过一次了，被人抛弃很难过。我现在还不知道我最好的朋友为什么要走！"

徐小美开始了长达半年的咨询。在这半年里，她联系上了许言，还到许言后来的新家去看望他，了解到他过得很好。

半年后，徐小美结束了她和咨询师的最后一次谈话，走出咨询室的时候，她发现，原来楼道上的花朵、绿叶植物是这么美丽和生机勃勃。

三个月后，咨询师收到了徐小美寄来的信，信上附着一张她和许言在海滩边的照片，信中写着：原来，很多痛苦，都源于青春年少时美丽的误会。

【心理点评】

故事里的徐小美总会对所有爱上她的人进行挑剔和指责，让爱她的人感到挫败和巨大的压力。在她的"循循善诱"之下，她的朋友和伴侣无一例外全部选择离开她。从心理咨询的角度来讲，徐小美有逼迫爱她的人离开她的倾向，而这种倾向是在一次创伤中培养出来的。许言的离开让她在亲密关系中充满了不安全感，为了填补安全感的巨大空洞，她需要严苛地考验她的朋友和男朋友对她的爱，结果却把她推向了爱的反面。

我们发现，每个人在和别人相处的时候，总会展现出一种相对固定的模式，其他人在和他（她）相处的时候，会不知不觉地对他（她）产生相同的感受和情绪。简单点说，他（她）教会和引导别人怎么对待他（她）。心理学将亲密关系中的这种诱导行为反应称为"投射性认同"。

投射性认同在教育中的体现有很多。教育是教学双方的互动，我们可以清楚地看到不同班主任带的班级，或活跃，或沉闷，或叛逆，或积极。不管学生怎么换，永远都是一个样子。如果一位老师认同了一个顽劣的学生的投射，这位老师就会愤怒、受挫，于是指责学生，然后学生会变得更加顽劣不堪。如果一个顽劣的学生认同了一个和蔼的老师的投射，那么这个顽劣的学生将会在老师平等、接纳的态度中认识到自己活泼和外向的本质，从而得到巨大的成长。

学生可以引导老师变得沮丧、挑剔、暴躁，但是反过来，老师也可以通过投射性认同，让学生变得自律、自尊、自爱、自信，这其实就是教师最大的价值体现。

**心理微故事六：《三只小熊》**

在一片美丽的树林里，住着可爱的熊氏三姐妹，她们分别是美美熊、玩玩熊、冷冷熊，她们不管做什么都在一起，一起上学、玩耍、恋爱、结婚，她们甚至连生下熊宝宝的时间都没间隔三天。现在，树林里面更热闹了。

熊宝宝们半岁时，他们常常会在夜里醒过来，有时候会哭闹。

美美熊看见宝宝稍微翻身了，她心里很着急，于是马上起床拿食物给宝宝，但是宝宝不吃。她又拿来玩具，但是宝宝看见了还是哭。她又给宝宝唱歌，但是宝宝还是哭。最后经过一通折腾，宝宝终于睡着了，美美熊这才放心。

玩玩熊看见宝宝醒了，她先仔细看宝宝有没有不舒服的反应。宝宝哭了，她也拿来食物、玩具等哄宝宝，但是宝宝还是哭。她想了一下，对宝宝说："宝宝乖，宝宝想哭就哭吧，妈妈陪你。"于是玩玩熊抱起宝宝，轻轻地唱着儿歌，直到宝宝睡着。

冷冷熊看见宝宝睁开眼了，但是没有理会。宝宝哭了，但她发现宝宝不想吃东西，于是她觉得有点烦。她不清楚为什么宝宝会哭，于是让丈夫来看着宝宝，她睡觉去了。

熊宝宝们三岁时，幼儿园布置了画大树和花朵的作业。

小美回到家跟妈妈讲了作业的事情，美美熊立刻到书房准备好彩笔、纸、橡皮。吃完饭后，美美熊和小美就直奔书房开始画画。小美画出来的花瓣比较大，妈妈说："比例不对，要改过来。"

小美用蓝色的笔给树叶上色。妈妈说："树叶应该是绿色的。"

小美画的树木和花一样高。妈妈说："树不应该比花还要高。"

结果小美想："那我画之前还是先问问妈妈吧。"最后，作业做完了，小美觉得画画好没意思。

小玩回家跟妈妈讲了作业的事情，小玩画画时玩玩熊也过来拿起纸和笔一起画。玩玩熊问道："你在画什么呢？"

"大树啊！妈妈你看我的大树长到云上去了。"

"对啊，好高哦。"

"妈妈，树可以长那么高吗？"

"我没有见过那么高的树，你见过吗？"

"我不知道。"

"那你明天帮我去问问老师好不好？"

"好啊！那妈妈把花涂成蓝色会好看吗？"

"你自己试一试，我在画我自己的画呢，等下我们一起让爸爸来猜哪幅是你画的好不好？"

"好啊好啊！"

"妈妈我想在这里画一只小鸟。"

"哈哈，画一只像你那样的吗？"

"不，画像你那样的。"

……

玩乐了两个小时，作业也做完了。小玩现在知道在绘画的世界里树可以长到天上，花可以和鸟说话，他觉得画画真好玩。

小冷回到家，吃完饭开始写作业。她画画的时候发现找不到橡皮了，在那里一通乱翻，还是找不到，于是对妈妈冷冷熊说："妈妈，我没有橡皮。"

"前天刚给你买的橡皮哪去了？"

"不在书包里。"

于是妈妈拿了一块新橡皮给她。

"妈妈,你看我画了很多花……"

"嗯,看到了,作业写完了吗?"

"没有。"

"妈妈,我的树上有很多果实。"她抬头,发现妈妈在专注地看电视。

作业写完了,小冷想告诉妈妈今天老师表扬了她,但她看到妈妈还在看电视,所以她直接回房间睡觉了。

熊宝宝们八岁了,学校组织第二天去野外郊游。

小美回到家,跟妈妈说要去野外郊游。美美熊准备了食物、饮料、雨伞、眼镜等必备物品,并且给小美罗列要一张写着注意事项的清单,一并放在小美的背包里,一再交代要注意的事情。小美认真地听完。第二天,郊游结束了,小美觉得如释重负。

小玩的妈妈出差了,晚上才回家,他和妈妈用视频通话。

"妈妈,明天我们要去郊游了!"

"是吗?那你可以出去玩了,去哪呀?"

"看瀑布。"

"挺远的,你要准备好东西哦,比如食物和水,不懂就去问你爸爸……"

郊游回来了,小玩跟妈妈说:"妈妈,今天好累,因为我带去的水太多了,你怎么不告诉我少拿一点?"

"妈妈也猜不准你出去玩要喝多少水,不过你可以倒掉一些啊。"

"才不倒呢,有几个同学水都喝光了,要喝我的水,他们还说下次郊游还跟我搭伙。"

"嗯!那很好哦,虽然重了点,但是可以交到新朋友。"

小玩点点头,他虽然很累,但是也挺高兴,因为他又交到了新朋友。

小冷郊游时没带够食物,也没有分享到同学带去的美食,饿着肚子回家了。

熊宝宝们长大了,从同一所大学毕业,找工作是毕业季的重要主题。

玉米银行和草莓公司同时到大学招人,两个单位都不错,三只小熊都有困惑,于是回家和父母商量。

小美妈妈觉得应该去玉米银行。

小美说："可是草莓公司好像也不错啊，老板很年轻，比较聊得来。"

"小美，你听我说，找工作就要进玉米银行这样的国有大企业，稳定，收入也不错，进去之后生活无忧啊。"美美熊苦口婆心地劝小美。

"可是草莓公司……"

"这个公司现在看着好，可是有风险啊，你看前年那个企业不就倒闭了。"

"对，听妈妈的不会有错。"

听妈妈的不会错，这对小美来说已经成为习惯了。

小玩回到家跟爸妈讲了招聘的事，大家好像都不太能拿定主意。

"草莓公司有活力，但公司发展前景不明确。玉米银行很稳定，但是工作氛围沉闷。"小玩说。

"你自己倾向哪个？"爸爸问道。

"拿不定主意，你们觉得呢？"

"我和你爸爸也不能确定哪个更适合你。不过我们肯定觉得进玉米银行更好，因为比较稳定。"

小玩挠挠头："要是进去了干不好后悔怎么办？"

"那就出来再选啊，只要你努力，就会干好你喜欢的工作。"

"好，那我去玉米银行。"

小冷回到家，告诉妈妈自己准备去玉米银行上班。妈妈"哦"了一声，继续做自己的事。小冷走进房间，自己看书了。

五年后。

小美在玉米银行稳扎稳打，成了中层小领导，管理着一个分行，她的收入和社会地位都不错。但是她常常觉得这不是她喜爱的工作，工作起来没有价值感。她常常会觉得莫名的空虚，并且也会常常问自己，究竟有什么好的？为何大家都说她很成功，而她却觉得这样的生活没劲儿。

小玩在玉米银行工作的时候认识了一些农场主，他觉得开农场、种粮食、饲养动物很有意思。于是两年后他辞职了，从很小的一块地开始做起，现在有了自己的农场，他种出的水果和蔬菜因为绿色环保很受欢迎。他喜欢这样的生活，他觉得能给大家种出好的蔬菜、水果很有价值。还有他也准备结婚了，即将组建他的幸福家庭。

小冷进了玉米银行后全心投入工作，她勤奋、聪明、工作能力强，现在是两个分公司的经理，管理着300多名员工。但是小冷在感情生活中总是麻烦不断，因为她总是疑神疑鬼，觉得她的伴侣不爱她，或者想要离开、抛弃她。她有时候也知道其实什么事都没有，但是她也不知道自己为什么会这样想。在经历多次感情破裂后，她成了一个只爱工作，很少回家，也不愿提及家庭的人。

【心理点评】

客体心理学家温尼科特提出一个重要的概念，即"足够好的妈妈"。这样的妈妈开始的时候几乎完全满足婴儿的全部需要，而随着时间的推移，她能满足的需要越来越少，孩子也在自己成长。而孩子因为自我意识的发展越来越不按照妈妈的要求行动，因此妈妈感觉到失败，好像被孩子抛弃了。所以做一个"足够好的妈妈"，最重要的是面对自己不能做孩子的全能守护神，以及孩子终究会长大、离开自己的事实。

美美熊是一个追求完美的妈妈，也是控制欲超强的妈妈。她的完美主义使小美丧失许多生活的体验，也失去成长的空间，个体性成长被扼制。最后，小美觉得自己的生活没有意义和价值，常常感觉到空虚，因为她自己的意识、个性完全没有得到释放。

玩玩熊是一个足够好的妈妈，在孩子最弱小的时候给予他无微不至的照顾，满足他几乎所有的需要。随着孩子的成长，她发现自己已经不能完全满足他的要求，但是她没有焦虑，而是适当、逐渐地放手让孩子成长。在适当的时候批评小玩，但同时在他成长时肯定他，让他拥有了稳定、丰富的自我价值体验。

冷冷熊是一个位置缺失的妈妈。自始至终，冷冷熊没有给予孩子足够的照顾，使得小冷也内化了妈妈这样的客体，在亲密关系中没有安全感，害怕被抛弃。她不断地复制和妈妈的关系模式，导致她在亲密关系中麻烦不断，最后只能靠不断的工作来麻痹内心的孤独。

其实，教师和家长对孩子来说都有可能是重要的养育者、教育者。如果希望孩子健康长大，体验到喜悦和幸福，或许做一个"足够好的老师""足够好的妈妈"是成年人的重要课题。

**心理微故事七：《直叩心灵的眼神》**

在一节心理课上，我设计了一个"亲子天平"的活动：让学生在卡片上天平的两端分别写下"父母曾为我做的事情"以及"我为父母做的事"，希望通过对比，让学生发现父母对我们的付出远比我们对父母的付出多很多，以此感受父母无私且深厚的爱，增进对父母的理解。

伴随着深情的背景音乐，学生纷纷拿出笔开始写起来。我在小组间来回巡视，看到学生们或埋头苦干，或托腮思索，甚至有些学生写着写着便哭了起来。我心里略感得意，觉得这个活动能让学生有所触动，应该达到课程目的了。

正当我沾沾自喜时，我的视线停留在女生昕身上：她并没有拿着笔写卡片，而是时不时三心二意地翻看桌面上摆着的一本课外书。我毫不犹豫地走了过去，问道："昕，你的天平卡呢？"她没有回答我，而是从课外书下面抽出了一张卡片，背面朝上。

"你完成了吗？翻过来给我看看。"我接着问道。

她犹豫且不情愿地将卡片正面翻了过来，上面一片空白。

"你为什么不写呢？你难道没看到其他同学都在写吗？"我有些不高兴。

"不记得了。"她略微有些不屑。

她的表现让我更不高兴了。我心想她肯定是在开小差，故意以不记得为借口，于是严厉道："你按照时间顺序想一想，记得多少写多少。还有，上心理课不可以看其他科目的书，再发现一次我就没收了。"

她这才懒洋洋地将课外书收起来，拿出天平卡和笔，装模作样地研究起来。

几分钟后，我在其他小组转完一圈，又回到昕身边时，发现她在和其他同学聊天，卡片上还是一片空白，于是我打算"治治"她。

我请学生都来分享一下自己在"亲子天平"两端都分别写了哪些内容，有什么感想。有几名学生自愿和大家分享自己的感想。这时，我突然点了昕的名字，说道："昕，请你和大家分享你的'亲子天平'。"

她不情愿地站了起来，答道："我还没想好。"

这个回答在我意料之中，于是我又逼问："那请你现在想，回答出来了再坐下。"

"呃……父母给予我生命，"她这时才开始思考，想到一个说一个，"妈妈给我做饭……供我读书。"

我说："那你为父母做过哪些事？"

"洗碗，拖地，还有……"她稍稍迟疑了一下，"照顾常年卧病在床的父亲。"

话音刚落，原本窸窸窣窣的讨论声瞬间安静下来，空气似乎在这一刻凝结。惊讶、奇怪、纳闷等各种复杂的目光都投在这个矮小的女孩身上。这时，她咽了咽口水，有些尴尬。随后，各种各样的议论声传到我耳边来，"她爸爸究竟得了什么病""怎么从来没听她提过""怪不得她性格有些奇怪""她爸爸哪道是个残疾人""天啊，她太可怜了"等，有些刺耳。我顿时觉得自己似乎是在逼迫一个孩子当众暴露出自己的伤疤。于是，我想说些什么来弥补这一无心的过失。她的成绩很好，是班上的班干，懂得替家人分担，于是我镇定地答道："昕是一个懂事的女孩，她不仅学习成绩好，还对父母很有孝心，让我们用掌声感谢她的分享，请坐。"我尽可能地肯定了昕的优点，希望给这个孩子一些温暖，也希望这个课堂小插曲不影响接下来的教学。

"老师，"她并没有坐下，而是睁大着眼睛认真说道，"其实……我今天讲这些并不想让大家同情我，觉得我很特殊，或者多么不容易。我觉得我的家也是普通的家，和大家没什么不同，只是有着一些故事，不是吗？"

我不记得后来我是怎么回答她的，也不记得后来是如何将课堂引回"正轨"的，但是我永远记得她的回答、她的真诚和她那直叩心灵的眼神。

**【心理点评】**

这个故事写的是心理老师和学生的一次课堂冲突，在双方冲突的背后展现着两者错综复杂的心理世界。

首先，故事的主角昕的父亲常年卧病在床，她不能像其他孩子那样拥有一个身体健康的父亲，并且还要分担一定的家庭压力，这或多或少让她对自己的家庭感到有些自卑。所以在一开始成绩优异的她才会不配合老师的教学互动，反而在看课外书和开小差。因为家庭的关系，昕可能曾经受过别人异样的眼光或评价。尽管这些眼光并无恶意，但同情的背后多少会带有些高姿态。其次，家中因为父亲病倒，家庭结构中父亲角色有所缺失，所以昕就主动承担起家庭责任，代替父亲照顾家庭。所以她的能力很强，不仅成绩优异，还在班级里担任班干，性格上也比较独立和有主见。再次，根据马斯洛需要层次理论，昕缺失父亲的关爱，进而让自尊心强的昕更渴望得到其他人平等对待。最后，孩子的母亲是孩子最大的精神支柱和榜样，母亲对自己、对父亲的付出影响了孩子对待父亲的态度和方式，母亲所表现出的照顾、分担等责任行为，也为昕的内心注入爱、奉献等正能量。

以上是从昕的原生家庭对昕的性格、心理产生的多方面影响进行分析。进入青春期后，这些还会影响昕的自我意识的形成和发展。初中阶段学生自我意识开始萌芽，一些早熟的孩子的自我意识发展得更早，故事中的昕正是如此。受到原生家庭的影响，昕在自我评价上略显复杂：一方面她由于家庭的遭遇而显得自卑，避而不谈自己的家庭；另一方面，由于在家庭上的自信自尊得不到满足，所以她通过在学习、班级工作等方面表现优异来弥补自我的需要，对自己的评价和要求也就越高，越渴望得到他人的认可和尊重。因而从原生家庭获得的责任和爱这些积极的自我意识，会影响学生采取哪些行动来发展自我。

　　另外，不得不提故事的另一主角——心理老师，也就是"我"。心理老师常常游走于天平的两端：一方面心理课上要尽可能鼓励学生多表露自己，为学生的自我表露营造安全、真诚的氛围，尊重学生的自愿发言；另一方面，对待一些不配合的学生，需要略施计策来维持课堂秩序，于是有时不得不违背一些心理原则。稍稍拿捏不当其中的分寸就可能影响学生的课堂体验。故事中的"我"虽然对课堂有了一定的驾驭能力，但是在课堂上还是一心想着怎样让学生达到"我"的预期，尤其碰到像昕这样不配合的学生时，这种想法就更强烈，于是便疏于考虑，陷入对学生行为的偏见之中。

　　另外，在公开场合遇到学生的隐私暴露时，我们应该怎样处理呢？不管学生隐私暴露是否自愿，我们都必须立刻进行一些处理。"我"深知这样一个女孩多么需要他人的关爱，当下立刻对昕的表现进行了肯定，希望能让周围同学温暖她。但是"我"忽略了她是鼓起了多大的勇气才说出这样一番话的，忽略了她内心需要的不仅是关爱，还有平等。心理老师的确应该如心灵鸡汤一般温暖，我们渴望尽我们所能去温暖学生和帮助学生，但我们却一下子忘记了我们的帮助是为了让她自助，这难道不是心理老师容易陷入的心理误区吗？

### 心理微故事八：《超人爸爸》

　　乐乐的爸爸妈妈最近一直在吵架，并且吵得很凶。虽然每次吵架的时候，妈妈都把乐乐推进房间里，说爸爸妈妈有事要谈，但乐乐其实知道他们又要吵架了，因为再厚重的门，也阻隔不了他们彼此声嘶力竭的吵闹声。被关在房间里的乐乐在做些什么呢？他把和爸爸妈妈一起去买的"恐龙世界"玩具盒里的小恐龙玩具摊开在床上，把这些小恐龙分作两部分，整整齐齐地摆放在两侧，中间隔着"楚河汉界"。他的两只手各抓着一只小恐龙，彼此对战。乐乐玩得正起劲时，外边传来"砰"的一声关门声，还伴随着妈妈的哭泣和喊叫。乐乐看着手上的小恐龙，突然觉得没意思极了。"也许，爸爸妈妈要离婚了，"乐乐躺在床上想，"隔壁佳佳的爸爸妈妈也是这样的。"

乐乐好几天没看到爸爸了，问妈妈爸爸去哪了，妈妈说爸爸出差去了。可是，乐乐知道不是，因为乐乐偷偷给爸爸的公司打过电话，助理叔叔说爸爸住在公司里。

乐乐的"恐龙世界"有好几只恐龙都被弄坏了，晚上乐乐用胶水给小恐龙们"治伤"，不一会儿就睡着了。第二天醒来，小恐龙们一个个完好无损地排列在乐乐的小书桌上。乐乐兴奋地跑到厨房："妈妈，是你帮我把小恐龙们修好的吗？"妈妈看着乐乐兴奋的眼神，迟疑了一下说："不是……""难道是超人叔叔帮我修好的吗？"乐乐偷偷地想。

这天晚上，乐乐闭上眼睛一直没有睡着，他想偷偷看看超人叔叔是长什么样的。将近半夜的时候，乐乐听见一阵轻轻的脚步声。有人慢慢地来到床边坐在小椅子上，看了他好一会儿。乐乐屏住呼吸，把眼睛睁开一条小缝。是谁呢？怎么这么眼熟呢？"超人叔叔"叹了口气，把乐乐露在外边的小手放到被子里去。就是现在！乐乐一把反抓住那只大手。"超人叔叔，我抓住你了！"乐乐兴奋地说。"爸爸？怎么是你呀？是你把我的小恐龙修好的吗？"爸爸开始吓了一跳，而后反应过来说："乐乐，怎么这么晚没睡？"

乐乐紧紧地拉着爸爸的大手，说："爸爸，我想你了。今天晚上我是在等超人叔叔的，没想到是爸爸呀！"爸爸笑着说："爸爸也每天都想你呢，其实每天晚上爸爸都有回来看你呢，只不过你早就睡着了，不知道罢了。因为爸爸妈妈发生了一些矛盾，所以和妈妈暂时分开冷静一下，但是这并不影响爸爸妈妈对你的爱，爸爸愿意永远做你的超人。"乐乐一把抱住爸爸，小声地在爸爸耳边说："我也永远是爸爸妈妈身边快乐的开心果。爸爸，我爱你，也爱妈妈。"

【心理点评】

大人的感情世界对于小孩子来说，有时候可能很难理解。就像好朋友之间会因为意见不同发生吵闹一样，爸爸妈妈也会因意见不同而发生争吵。有时候争吵并不是一件坏事，它只是一种情绪的宣泄，能更快地解决矛盾。但有的时候，爸爸妈妈的争吵过于严重，可能会导致感情破裂甚至离婚。面对这样的情况，孩子会伤心、难过、痛苦。但是要牢记的是，爸爸妈妈能够处理好他们的问题，即使爸爸妈妈分开，他们依然还存在于孩子的世界当中，对孩子的爱也不会改变，只是他们可能会用与原来不一样的方式表达对孩子的爱，不会让孩子孤单一人。

# 参考文献

[1] 荆永君,李昕.区域基础教育信息资源建设共同体模式实践研究[J].中国电化教育,2011（1）:83-86.

[2] 关中客.微课程[J].中国信息技术教育,2011（17）:14.

[3] 胡铁生."微课":区域教育信息资源发展的新趋势[J].电化教育研究,2011（10）:61-65.

[4] 张静然.微课程之综述[J].中国信息技术教育,2012（11）:19-21.

[5] 胡铁生,詹春青.中小学优质"微课"资源开发的区域实践与启示[J].中国教育信息化,2012（22）:65-69.

[6] 黎加厚.微课的含义与发展[J].中小学信息技术教育,2013（4）:10-12.

[7] 梁乐明,曹俏俏,张宝辉.微课程设计模式研究:基于国内外微课程的对比分析[J].开放教育研究,2013（1）:65-73.

[8] 李玲.浅谈云端教学平台下微课程的制作与应用[J].中国信息技术教育,2013（5）:18.

[9] 胡铁生.中小学微课建设与应用难点问题透析[J].中小学信息技术教育,2013（4）:15-18.

[10] 山峰,檀晓红,薛可.基于微信公众平台的移动微型学习实证研究:以"数据结构公众平台"为例[J].开放教育研究,2015（1）:97-104.

[11] 胡晓.微课教学在高校研究生心理健康教育中的可行性探讨[J].高等建筑教育,2015（3）:154-156.

[12] 林雯.微课教学设计的原则与三个关键问题探讨[J].中国教育信息化,2016（6）:26-30.

[13] 李梦婷.问题解决导向的心理健康教育微课设计:基于浙江省首

届中小学心理微课设计大赛经验［J］.中小学心理健康教育，2017（29）：32-35.

［14］张俊杰.基于信息技术的心育创新探索：浙江省首届中小学心理微课大赛作品评析［J］.中小学心理健康教育，2017（21）：24-25，30.

［15］郭永玉，等.人格心理学导论［M］.武汉：武汉大学出版社，2007：12-18.

［16］金盛华.社会心理学［M］.2版.北京：高等教育出版社，2010：22-38.

［17］蔡映红.微视频在心理健康教育课中的应用研究：以银川市某中学为个案［D］.银川：宁夏大学，2015.

［18］王汉林，鲁忠义.阅读疗法的心理作用机制及应用［J］.河北师范大学学报（教育科学版），2013（3）：92-96.

［19］黄晓鹏.阅读疗法对大学生心理健康的影响［J］.中华医学图书情报杂志，2013（9）：30-33.

［20］宫梅玲，丛中.阅读治疗抑郁障碍典型案例剖析［J］.精神医学杂志，2009（5）：395-397.

［21］韩滢莹，周力虹，邓婉昕.监狱图书馆对服刑人员抑郁情绪的阅读疗法干预研究［J］.图书馆建设，2016（7）：69-73.

［22］黄晓鹏，王景文.关于阅读疗法书目编制问题的思考［J］.大学图书情报学刊，2012（3）：63-64，70.

［23］王波.阅读疗法［M］.2版.北京：海洋出版社，2014.

图书在版编目（CIP）数据

以微见著：中小学心理微系列作品开发与运用 / 耿春华主编 . -- 南宁：广西教育出版社，2021.11

（特级教师书系）

ISBN 978-7-5435-8998-8

Ⅰ . ①以… Ⅱ . ①耿… Ⅲ . ①心理健康 – 健康教育 – 教学研究 – 中小学 Ⅳ . ① G444

中国版本图书馆 CIP 数据核字 (2021) 第 184600 号

| 策　　划：廖民锂 | 责任编辑：农　郁 |
| 版式设计：鲍　翰 | 封面设计：杨　阳 |
| 责任校对：陆媱澄　刘汉明 | 责任技编：蒋　媛 |

出 版 人：石立民
出版发行：广西教育出版社
地　　址：广西南宁市鲤湾路 8 号　邮政编码：530022
电　　话：0771-5865797
本社网址：http://www.GXEPH.com
电子信箱：gxeph@vip.163.com
印　　刷：广西民族印刷包装集团有限公司
开　　本：787mm×1092mm　1/16
印　　张：11
字　　数：186 千字
版　　次：2021 年 11 月第 1 版
印　　次：2021 年 11 月第 1 次印刷
书　　号：ISBN 978-7-5435-8998-8
定　　价：28.00 元

（如发现图书有印装质量问题，影响阅读，请与出版社联系调换。）